ゆかいな認知症

介護を「快護」に変える人

奥野修司

講談社現代新書

2502

はじめに　介護を楽にしたければ認知症の人の声に耳を傾けよう

これは、思いがけず認知症になってしまった当事者たちを巡る物語であると同時に、家族の介護にヒントを与えるための書です。この物語を書くきっかけは二つありました。順を追って簡潔に記します。

僕には、若年性認知症と診断された兄がいました。もう二十年以上も前です。やがて症状が進行して、晩年はほとんど言葉を発することができず、こちらから話しかけても反応がありませんでした。そのとき僕は、「もう何を言ってもわからなくなってしまった」と思い込み、会いに行かなくなったのです。やがて亡くなるのですが、しばらくするとふと、「あのときの兄は本当に何もわからなかったのだろうか」と気になりました。

当時は終末期のがん患者から話を聞く機会が多かったのに、なぜ認知症の人は話しかけてもわからないと決めつけたのだろう。冷静に考えたら、「わからなくなった」と判断した理由が、会話ができなくなったことと、呼びかけに反応しなかったことだけです。でも、それは終末期のがん患者にも似ています。つまり、僕の中にあった認知症に対する誤解と偏見が、「わからない」と判断させたのではないか。そう思ったのです。

そしてもう一つ、認知症になった母親を介護する友人から相談を受けたことです。初めての介護でどうしたらいいかわからない。彼も多くの人と同じで、認知症になったら本人に聞いても無駄と思っていました。そこで、本を買い込み、ネットで調べました。そこから良かれと思った情報をピックアップして介護に活かそうとしたのです。ところが、友人は一生懸命介護しているのに、母親はだんだん不機嫌になっていきました。介護するなら、介護される本人についてまず知ることが大事なのに、彼も数年前の僕と同じで、聞いてもわからないと思っていたのです。

もしかしたら介護で苦労している方の多くは、認知症になった人のことをよく知らずに介護しているのではないかと思いました。食べたくないのに、無理やり食べさせようとしたら誰だって怒ります。それと同じで、家族は一生懸命に介護しているつもりでも、本人の意にそわなければ無理強いと同じです。それは介護ではなく虐待になりかねません。

そこである雑誌社に「認知症の人にインタビューする」企画を提案しました。ところが、「え?」と驚かれ、「そりゃ、無理ですよ」と言われました。「認知症の人は話ができない」ということが世の中で共有されていたんですね。でも、僕は機会があるごとに全国の軽度から重度の認知症の人を訪ねて話を聞きました。

その中には五分しか記憶を保持できない人もいました。だから話の内容がメビウスの輪のように繰り返されます。発語が困難な人もいました。普通なら五分ですむことが、一時間以上かかったこともありました。幸運なこともありました。認知症になると低音のほうが聞き取りやすくなる人が多いのですが、僕の声が低いために「聞き取りやすい」とよく言われたことです。こんなことを約一年も続けた結果、気がついたことが二点あります。

その一つは、社会とつながることの大切さです。人間にとって重要なのは他者との関係で、人とつながってこそ人間らしさが生まれ、生き生きとします。認知症になってもそれは同じです。つまり、社会とつながり、人とつながれば、認知症になっても生き生きと暮らせるのですから、介護する家族はうんと楽になるのです。

もう一つは、記憶が保持できないといった機能の低下に程度の差があっても、自尊心、怒り、虚栄心、喜び、嫉妬といった、人間に備わっている根源的な部分は全く変わらないのです。さまざまな障がいのために、意図したことをうまく表現できなくなっているだけなのです。症状が進行して人格を失っていくように思えるのは、障がいのせいでそう見えるだけ。根源的な部分は、それほど違いはありません。嫌なことは、認知症になっても嫌なのです。それなら、低下した機能を補い、本人が嫌がることを避ければ、介護ははるかに楽になります。それにはまず、認知症になった本人を知ることです。

昭和三十年代までは、「長生きすればボケることもあるもんだ」で笑ってすませられるほど、認知症を取り巻く環境は穏やかなものでした。それが高齢化社会（一九七〇年〜）に入ると、「痴呆（認知症）」が社会問題になります。効率が優先される社会が広がり、人々の価値観が変容しはじめたのです。障がい者が差別されてきたのも、効率優先の価値観が蔓延する社会の存在を抜きには考えられません。

七〇年代当時は、認知症が発見されるのは中期から末期になってからでした。初期の検査方法なんてなかったから、おかしいと思っても年のせいにして隠してしまったのです。家族にしても、痴呆が恥ずかしいから当然隠しました。

ところが、家を出たら帰ってこない、暴れる、言葉が出ないから会話が成り立たない、幻覚を見るといった症状があらわれ、家族の手に負えなくなって医療機関に駆け込みました。世間の人が認知症の人を目にするのはそのときです。

すでに症状も進行しているから、中には二、三年で寝たきりになったケースもあったでしょう。やがて、コミュニケーションがとれなくなると、認知症の人は「人格が壊れた人」になります。こうしたイメージを決定的にしたのが有吉佐和子さんの『恍惚の人』だったと思います。そして世の中に、「認知症になると二、三年で何もわからなくなり、寝たきりになって死ぬ」という認知症観が共有されるようになります。当時は初期のことがよくわからず、重度の人しか見ていなかったのですから、ある意味では仕方がなかったのかもしれません。

早期発見が一般に周知されるのは、二〇一二年に「認知症施策推進5か年計画（オレンジプラン）」が公表されてからですから、つい数年前のことです。

早期に発見されるのはもちろん症状も初期の人たちです。アルツハイマー型を例にとると、初期なら記憶力が少し悪いなど、障がいの程度で、サポートさえしてもらえばこれまで通りの日常生活が送れるし、初期の段階で社会とつながり、人とつながれば症状の進行もゆるやかになることもわかってきました。

認知症初期の症状と、中期から末期の症状ではまったく違うにもかかわらず、当事者を知ろうとしないから、軽度でもすぐに中度や重度になると錯覚していたのです。

誤解と偏見から、「認知症は怖い」というイメージが出来あがっていますから、軽度なのに、症状が進んだ中度や重度と同じととらえ、「いずれ暴れて危害を加えたりするようになり、寝たきりになって死んでいく」と思い込んでしまうのです。認知症と診断されると「私の人生は終わった」と思うのも、こうした認知症観のせいです。盛んに「予防」を喧伝するのも、〝恍惚の人〟のようになりたくないという恐怖の裏返しでしょう。本人も、そして介護する家族も、認知症という恐怖にとらわれているから、介護がますます大変なことになっていくのです。

ほぼ一年かけて、全国の認知症の人たちから話を聞いたことで、障がいが増えても、その人が持つ豊かな感情は変わらないことに気づきました。それなら、まだ自分の思いや感情を表現できる軽度の方に話を聞けば、重度でしゃべれなくなった方の思いを推測できるのではないかと考えたのです。

認知症の人たちを巡るこの旅で、「介護は大変だ」という話はよく聞かされました。でも、認知症の人の思いや本音を聞いてみると、実は家族が持っている情報が間違っているために、自ら介護を大変なものにしているのではないかと思うことがよくありました。誤解の上に成り立った介護は、介護するほうにもされるほうにも、苦痛を与えるのは当然です。

また、認知症の人も、家族に世話になっている手前、遠慮して言わないから本人と家族の間に情報のギャップができ、結果的に間違った介護をしてしまいがちです。

今は初期の段階で診断されることが多くなっています。認知症になったことは残念ですが、だからといって騒いだり悲観したりしても治るわけではありません。それよりも、介護保険の認定を受けるまでの空白の期間に、自分の人生を設計し直し、どう生きるかを家族と共有できれば、きっと介護もそれほど深刻にはならないように思います。

長い時間をかけて作られた認知症観を変えることは簡単ではありませんが、認知症の人を巡る旅を続けながら、認知症の人たちの声に耳を傾け、認知症の人の本当の姿を知れば、まず、介護する家族が楽になるのではないでしょうか。

第一章に登場する丹野智文さんが、僕にこう言ったことがあります。元気な認知症の人が自ら発信するようになれば、認知症への偏見と誤解を正していけるのではないですか、と。それなら、自ら声をあげ始めた全国の元気な当事者を紹介したい。そうすれば、認知症の人たちが何を考え、何を感じ、何を望んでいるかを直に知ることができる。彼らの心の内側を知れば、認知症と診断された人だけでなく、介護に苦労している家族にとっても貴重な情報になるにちがいない、そう確信しました。

ちなみに、ここでは認知症の人のことを「患者」とは書いていません。「当事者」か「認知症の人」です。なぜ書かないかといえば、彼らが嫌がる言葉だからです。

目次

＊登場人物の年齢は取材当時のものです

① 元気な当事者の「意見と生活」

出会い

丹野智文さん（43）と出会うきっかけになったのは、『認知症ケアの知好楽』（雲母書房）という著書もある仙台の「いずみの杜診療所」の山崎英樹医師だった。当時は「『薬漬け医療』が認知症を作る」というテーマで医療関係者から話を聞いていた。このとき山崎医師はこんなことを語っている。

「認知症を『病気』としてだけみるから、医者も『老化だから』と言えなくて薬で何とかしようとする。だから認知症のこともよく知らない医者が、ときには何種類もの危険な抗精神病薬を出したりするんです。でも、本当は環境とかケアの問題であることが多いのです。認知症治療というのは、疾患が絞られていない中での、まだ仮診断のままで行われるトライアルなんです。薬物治療は必要ですが、もっと控えめにし、薬効をそのまま信じるのではなく、個々人を見ていくことです。

認知症の方は、私たちと違う座標軸を持っています。それを私たちは『翻訳』できないだけです。ただそれでも、たとえば春の風に吹かれて『気持ちいいね』と思わず手を握り、心が通じ合うときもある。そういう感覚を大切にした方がいいように思います」

あれから五年以上経過しているが、今でも耳を傾けたいコメントだと思う。このとき山崎医師は、薬で「認知症とともに生きる」人を癒すことはできないと述べ、ある若年性認知症の男性が語ったというこんな言葉を紹介してくれた。

「お風呂に栓をしないで水を張ってしまうことがよくある。そういう自分を、家族は決して怒らない。怒られないことで、自分は救われているのです」

これが丹野さんだったのだが、このときの僕はまだ知らない。二〇一四年に町田市で開かれた「認知症当事者研究」勉強会で、若い男性が立ち上がって「四十歳以下に公的支援が何もないのはおかしい」と発言したのを僕も聞いているのだが、その男性と山崎医師が紹介した発言者を結びつけて考えたこともなかった。

それから数ヵ月経った頃、山崎医師からメールが届いた。私の人生観を変えた若い認知症当事者が、こんな文章を書いたので読んでほしい――といった内容だったと思う。僕は添付されたファイルを開いて驚いた。

〈「平成24年9月頃から」
物忘れによる仕事の間違いが多くなり、お客様からも注意されるようになって、上司からも怒られることが増えてきた。大きなトラブルはなかったが、小さな失敗が多く発生した。上司からお客様の事を聞かれるとすべて忘れてしまい、頭が真っ白になってしまい、すぐに答えないと怒られるという思いから嘘の情報を言っていました。怒られる度、言い訳をすることしか出来ず、時には嘘もつきました。〉

こんな文章がA4用紙で五枚ほど綴《つづ》られていたのである。これが丹野さんの書いた文章だった。もっとも、添付されたファイルは一部であって全文ではないという。その時まで僕は、全国を歩いて三十人近い当事者から話を聞いていたが、心の内をストレートに、それも理路整然と書かれたものを見たのは初めてだった。僕は急いで山崎医師に返信した。

今では講演などで全国を飛び回っている丹野さんだが、当時は、最寄りの駅までのバスと、通勤先まで乗り降りする鉄道の駅だけが移動の範囲だった。そこで、自宅に近い駅からそれほど遠くないところで会議室を借りて会うことになった。

これがきっかけとなってたびたび会うことになるのだが、会うたびに僕は驚かされた。症状が進行していると言いながら、まるで、さなぎから蝶が羽化するように成長していく姿は実に印象的だった。

四十歳以下に支援はない

丹野さんは二十二歳でネッツトヨタ仙台に入社した。営業マンとしてその能力は県内でもピカイチだったが、二〇〇九年頃から物覚えの悪さが気になり、やがてお客さんを間違えるようになった。ある時、一緒に働いているスタッフの名前が出てこなくなり、おかしいと思って二ヵ所の病院に一ヵ月半ずつ入院して検査した。この入院中に三十九歳の誕生日を迎える。結果は、アルツハイマー型認知症だった。

「日中は病院の人と話をしていたのであまり気にならなかったのですが、夜になって寝ようとすると、病気のことで頭が一杯になり不安で眠れません。その時、アルツハイマーとはどんな病気なのかもっと知りたいと思い、携帯のインターネットで『30代　アルツハイマー』と入れて検索しました。すると『若年性認知症は進行が早い』『いずれ何もわからなくなる』『二年後には寝たきり』といった悪い情報ばかりが目につきました。調べれば調べるほど絶望感が深まっていきます。そのときに私の中で、『私』→『アルツハイマー』→『寝たきり』がつながり、『もう終わったな』と思ったのです。

当時の私には中学生と小学生の娘が二人いました。二年後に寝たきりになったら、家族はどうなるのだろう。子供たちを学校に行かせることができるのだろうか。何か支援がないかと思って役所に行きましたが、四十歳以下は何もありませんでした。

会社に行き、社長や上司がいる前でアルツハイマーだったことを報告しました。営業が駄目でも、洗車でもいいから働かせてほしいと思っていたのですが、意外にも社長から『働ける環境を作ってあげるから戻ってきなさい』と言われたのです。それも本社勤務！驚きました。うれしさが込みあげてきて、帰りの車の中で大泣きしました。

働き続けることができたことで、最大の不安が解消されたのですが、もう一つ大きな不安がありました。それは、娘たちに認知症のことをどう伝えるかです。

私が入院していたことは娘たちも知っていますが、どんな病気かは知りません。でも一緒に生活しているのですから、おかしいと思っていたはずです。

ところがある日、会社から帰ると娘が笑いながら言うのです。

『ママがね、泣きながらパパの病気のこと、話してくれたよ』

あるとき、インターネットで見た『家族の会』（認知症の人と家族の会宮城県支部）のことを思い出し、思い切ってその集いに参加したことがあります。私の症状が進行したとき、妻や子供たちが相談できるところがあればいいと思ったからです。後日、そこへ妻と一緒に行ったときのことです。妻が私の病気を子供にどう伝えたらいいか相談すると、正直に話したほうがいいと言われたそうです。

最初は辛《つら》くて、眉間にシワばかり寄せていたのですが、『家族の会』で『作り笑いでもいいから笑っていると、本当の笑いになるよ』と教えてもらってから、今では笑顔で過ごすことを心がけています。笑顔がなくなると不安に押し潰されそうな気がするのです」

そうはいっても、当時の丹野さんは表情も暗く、どんよりとしていたという。それもそのはず「いずれ家族や周囲に迷惑をかけるのなら、いっそ自分はいない方がいい」とまで思い詰めていたのだ。認知症になれば何もわからなくなって寝たきりになると思っていたのだから当然である。たとえ早期に発見されても、介護が必要になるまでのサポートがなければ早期絶望になりかねない。

「元気」のリレー

丹野さんが大きく変わったのはある人物に会ってからである。

「家族の会」へ通い始めた二〇一三年九月、ある家族から、富山で「認知症当事者交流会」があるから一緒に行かないかと誘われた。健常者の前では本音を語れなくても、相手が同じ認知症なら気軽にしゃべれる。そこに丹野さんも誘われたのである。

このとき、富山で合流するはずだった広島の当事者の竹内裕《ゆたか》さんが仙台までやって来た。丹野さんにはこれが〝奇跡〟となった。

「私は初対面でした。一緒に新幹線で富山に向かったのですが、富山に着くまでの約四時間、私は竹内さんにずっと質問していました。竹内さんはとても元気でパワフルで、やさしく気配りされる方です。そんな竹内さんを見ていると、本当にこの人も病気なのかなと思いましたが、話を聞くと、診断された当時は大変辛い思いをして、ずっと家に引きこもっていたそうです。当時、落ち込んでいた私に、竹内さんは、病気になったときのこと、辛かった時期からどのようにして立ち直ったのかなどを細かく語ってくれました。その話は衝撃的でしたが、竹内さんがうらやましくもありました。そして、『今の俺は何をやっているんだろう？』と恥ずかしくなったのです。

その後、東京の町田市で行われた『認知症当事者研究』勉強会に参加したことがきっかけで、元気な認知症の人たちと知り合うことができました。その頃から、自分の病気をオープンにすべきだと思い始めていました。その理由の一つは、認知症に対する世の中の誤解や偏見を取り除きたかったからです。

私のように初期の認知症は、体に障がいのある人と違い、見た目は普通の人と変わりません。普通に頼まれたり話しかけられたりしますが、普通にやろうとしてもできないことが多すぎるので、自己嫌悪に陥ってしまうのです。そうならないためには、自分の病気をオープンにすべきだと思ったのです。

とはいっても、病気をオープンにするにはかなりの勇気がいります。家族に迷惑がかかるのではないか、子供がいじめられたりしないかと思うと……。

ある日、子供たちと三人でご飯を食べに行ったときです。『パパは病気をオープンにして、講演を頼まれたらやりたいと思っている』と伝え、『もしかしたら、そのことを友達に知られるかもしれないよ』と言いました。でも娘たちは、

『パパは良いことをしているのだからいいじゃない』

と言ってくれたのです。その言葉に助けられ、自分の病気をオープンにしようと決心したのです」

中学高校の弓道部のOB会に誘われた。みんなの顔を覚えているか、昔のことを忘れて

いないか心配で、丹野さんはあまり気が進まなかったという。そのことを親しい仲間に相談すると、「認知症と言えばいいじゃない」と言われた。丹野さん自身も仲間には病気のことを知ってもらいたいとの思いもあって約束した店に行った。

「笑いながら、『次会うとき、みんなのこと忘れていたらごめんね』と冗談まじりで言うと、『大丈夫、おまえが忘れても俺たちが覚えているから』と言ってくれたのです。そして『忘れないように、定期的に会おう』とも言ってくれました。

それまで、みんなとの仲が切れてしまうのではと心配していましたが、このとき、すべて吹き飛びました。私がみんなのことを忘れても、みんなが覚えていてくれる。それでいいじゃないと思ったのです。これから多くの人の顔を忘れてしまうかもしれません。でも、みんなが私のことを忘れないでいてくれるなら忘れたっていいじゃない、そう思ってこれから生活していこうと思えるようになりました。そのとき、認知症になっても、周りの環境さえよければ笑顔で楽しく過ごせることを知ったのです」

ここ数年で、認知症を取り巻く世界がずいぶん変わってきた。丹野さんのように、自分の病気をオープンにする当事者が出現すると、その連鎖によって「私も表に出ていいんだ」と考える当事者が増え始めたのである。今では認知症の人が集まって国に訴えていく組織もできた。二〇一四年十月に設立された「日本認知症ワーキンググループ（現・日本認知症本人ワーキンググループ）」がそうだ。丹野さんもそのメンバーの一員である。

「メンバーになったのは、私が竹内さんから元気をもらったように、認知症と診断されて絶望している人が、私の活動を見て『認知症でも活動できるんだ』と思って前向きになってくれるのではと期待したからです。それに、独りで声をあげても何も変わりませんが、みんなが一緒に声をあげることで変わるのだと思います。

あるとき、お世話になっている山崎先生から、『丹野君はどうして笑顔でいられるようになったの？』と訊かれたので、竹内さんとの話をしました。すると先生は、『当事者から元気をもらえたのだったら、他の当事者にそれを伝えてみない？』と言うのです」

当事者から当事者へ伝える「元気」のリレーである。

「自分が不安だったとき、『大丈夫だよ、頑張りなさい』と言われても、『この気持ちは、お前にわかるはずがない』と反発していました。でも当事者同士で話をすると、同じ病気を背負っているせいか、素直に共感できます。当事者の悩みは当事者にしかわかり得ないものがあるのです。それなら、私が笑顔で活動している姿を当事者に直接見てもらえば、勇気を与えることができるのではないか……」

こうして二〇一五年五月、東北福祉大学のカフェで、〈ご本人のためのもの忘れ総合相談窓口〉「おれんじドア」がスタートする。「おれんじドア」は、当事者のみなさんが笑顔で前向きになってもらうための最初の一歩を踏み出すための入り口であって、現在あるような認知症カフェや「つどい」のような「居場所」ではないという。だから、病名を聞かないし、アンケートもとらない。

「初めてここに来た人は緊張と不安で顔もこわばっていますが、だんだん顔が和らいでいくのがわかります。

あるとき、独りで出かけられない人が、介助する方に連れられて来ました。ところが、翌月は独りで電車に乗って来たのです。認知症になって初めて乗ったと自信を持って言われました。またご夫婦で来られた方がいて、認知症のご主人がデイサービスに行きたがらないと奥様が言います。ご主人によれば、自分は囲碁も将棋も教えられるほどの腕なのに、デイサービスは中途半端でつまらないのだそうです。そのことを奥様に伝えると、知らなかったと驚いていました」

認知症になると、家族はどうしても以前の姿と比較するので人間関係がギクシャクしがちだ。それよりも、信頼できる人に困っているから助けてと声をかけたほうがうまくいく場合がある。家族に相談しにくいことでも、他人には気軽に言えることもあるからだ。

「おれんじドア」はそのための入り口でもある。

大切なのは開き直ること

認知症と診断されてから五年が経過した。外見から判断するかぎり、丹野さんに変化はないように見える。しかし、確実に物忘れが増えているという。

「以前は当たり前のように使っていた単語、たとえば『残業』といったような言葉が出てこないのです。そんなときは『早く帰れない』と言い換えたりしています。みなさんの物忘れと、私の物忘れが違うのは、みなさんのは、忘れても何かがきっかけになって思い出すことはありますが、私の物忘れは記憶装置がリセットされたように真っ白なのです。

以前は忘れると不安が広がったり落ち着かなくなったりしましたが、いまは『病気だからしょうがない』と開き直っているせいか気持ちは安定しています」

できないことにいつまでもこだわるのではなく、できることを大切にする。それが元気な当事者に共通するように思う。

元気な当事者に共通するものは他にもある。認知症になっても、さまざまな工夫をすることで普通の生活を送っていることもそうだ。丹野さんもその一人である。

「私の場合は、記憶するという機能に障がいがあるのですから、それを補うようなツールを工夫すればいいのです。

たとえば、朝、仕事に出かけようと思っても、家を出る時間やバスの時間を忘れています。そこで、リビングの真ん中にコルクボードを貼り、バスの時刻表と《7時20分に家を出る》と書いた紙を貼っておくようにしました。そこに私専用のカレンダーも貼っています。A3の大きなもので、一ヵ月の予定をそこに書き込むのです。

財布とスマホは常にカバンに入れています。定期入れは、忘れないように紐でカバンにつないでいるので探す必要はありません。

スマートフォンも大事なツールです。たとえば出張先のホテルに泊まり、同行者と朝八時に食事の約束をしたとします。朝の七時と七時五十分にアラームをセットします。七時に起きてアラームを止め、それから準備して、七時五十分のアラームが鳴ると、朝食会場に降りて行くのです。

初めて行く場所でも、スマホのナビを道案内に活用しています。飲み会も、店の名前さえ聞けばこれを使って行けます。独りで買い物しても、ナビがあるから安心です。スマホは認知症の人の最大のサポートツールになる気がします。

迷ったときのために、《若年性アルツハイマー本人です。ご協力お願いいたします》と書いたカードも持っています。あるとき、乗り換える駅だと思って、間違って降りたことがありました。自分がどこにいるのかわからなくなり、パニック状態になったのです。会社への行き方を忘れたこともあります。そんなときは通りかかった人に尋ねるのです

が、ネクタイをしたスーツ姿の男が、

『今から会社に行くのですが、どこの駅に降りたらいいでしょうか』

なんて言えば、からかっているとしか思われません。でも、このカードを見せると、丁寧に教えてくれるのです。

私にとって一番困るのは、顔が覚えられないことです。挨拶しながら『この人、誰だろう』と思うことがあります。親しそうに挨拶を返してくれるのは、私の知っている社員のはず。でも名前が出てこないのです。

いつも一緒に働いている上司の名前を突然忘れてしまうこともあります。だから机の上には、組織図を置いて、忘れたときはすぐに確認できるようにしています」

「どうして」「なぜ」と言われても

「仕事のやり方を覚えられないので、手順をノートに書いています。それを見れば仕事ができるようになっているのです。会社ではノートを二冊に分け、一冊は仕事のやり方を書いたノート、もう一冊は、一ヵ月間に何をするのか（計画）、毎日何をしたのか（行動記録）を書いておくノートです。仕事が終わるたびに印をつけて確認しています。

日常生活ではいつも失敗しています。コーヒーメーカーにコーヒーの粉を入れるのですが、水を入れるときに、粉を何杯入れたかを忘れているのです。だから薄かったり濃かったり。コーヒーができると、カップに入れてテーブルに置き、さてと席につくのはいいのですが、別のことを考えたりすると、自分がコーヒーを持ってきたことも忘れているのです。あれ、誰がコーヒーを入れてくれたんだろう？　妻かな？

『コーヒーを入れてくれてありがとう』

するとは妻は笑いながら私に言うのです。

『いいよ、いいよ、でも、パパが自分で入れたんだけどね』

失敗しても、妻は笑顔で対応してくれるので気になりません。これが『何言っているの、自分で入れたでしょ』と強く言われたら、イライラの原因になります。

家族にすれば、当事者が何度も失敗したり、同じことを繰り返したりすると、つい注意もしたくなります。でも、待ってください。ちょっとした言い方の違いで、不安を抱えた当事者は、怒られていると感じてしまうことがあるのです。自分でも失敗が多いことはわかっているので、自分の行動に自信がなくなっているのです。

注意するなというのではありません。言い方次第なのだと思います。言葉って不思議なもので、言い方ひとつで喜んだり傷ついたりするのです。たとえば、言った本人に悪気はなく、何気ないひと言だったのに、当事者がとても傷つく嫌な言葉があります。

『どうして覚えていないの？』
『また忘れて』
『さっきも言ったでしょ！』

当事者がよく言われる言葉です。ちょっとした言葉で当事者は傷つき、自分の行動に自信がなくなり、失敗を恐れてしまいます。さらに指摘されるとイライラし始め、やがて怒りに変わっていきます。『どうして』『なぜ』と言われても自分自身もわからないのです。なぜなら、それが認知症という病気だからです。

当事者が自信をもって行動するには、失敗しても家族が怒らないことです。そして当事者の行動を奪わない。これが当事者の気持ちを安定させ、症状の進行を遅らせるのだと思います。失敗しても怒られない環境が、認知症の人には絶対に必要なのです」

怒りは、認知症への無知が生むのかもしれない。それだけではない。認知症についての誤解が偏見を生み、認知症と診断された人の行動の自由を奪うこともある。

「介護が必要なのは、症状が進んでからだと思います。ところが、今までは認知症と診断されるとすぐに介護保険の話になるので、認知症＝介護が必要になる、と連想して、何もできないと決めつけていたのではないかと考えます。

認知症に対する間違った知識や偏見が、当事者の自立を奪っているのです。もちろん介護をしている人たちは頑張っておられるし、当事者から怒鳴られる苦労もしています。でも、やさしさからやってあげていることが、当事者にとってはよくないこともあり、やめてほしいから怒鳴ってしまうこともあるのです。まだ怒鳴る当事者はいいと思います。認知症になって家族に迷惑をかける、申し訳ない、という思いから、嫌だと言えずにいる方もいるのです。

できることを奪わないで下さい。時間はかかるかもしれませんが、待ってあげて下さい。一回できなくても、次はできると信じてあげて下さい。できたときは、当事者は自信を持ちます。自信を持って行動することはとても大切です。できないと思って周りがやってしまうと自信を失い、本当に何もかもできなくなってしまいます。失敗しても自信をもって行動する。周りの人は失敗しても怒らない。自由な行動を奪わないことが気持ちを安定させ、進行を遅らせるのだと思います」

丹野さんが変わったのは、竹内さんと出会って自信を取り戻し、さまざまな場所に出かけ、さまざまな人に会って生き方を変えたからだ。独りで家に引きこもっていると、いつまで経っても生き方を変えることができず、症状も進行していく。カッコ悪くても恥ずかしくても、人と出会うことが「元気」になるきっかけかもしれない。

偏見、自立、そして権利

「元気」になった丹野さんが大きく変化したのは、二〇一六年九月にスコットランドを旅してからだったように思う。スコットランドの旅は興奮の連続だったようだ。なにしろ、日本で二〇一四年にできた「認知症ワーキンググループ」も、スコットランドでは十二年も前（二〇〇二年）にできていたし、日本と違って当事者が自立できるように、自立を助けるツールもたくさんあった。また、認知症になっても「自分がしたい生活ができる」ように、希望を叶えてくれるリンクワーカー制度もあった。スコットランドの認知症事情は世界でもっとも進んでいたのだ。丹野さんが認知症当事者の「偏見」「自立」「権利」について考えるようになったのは自然の成り行きかもしれない。たとえばこんなふうに語っている。

まず「偏見」について――。

「最初は私の中にも偏見があり『認知症の人は何もわからなくなり、介護をうける大変な人』だと思っていました。そして、自分もすぐそのようになり、家族や周りの人に迷惑をかけてしまうのではと思っていたのです。なぜそのように思ったかというと、インターネットを見ても本を読んでも介護の仕方のみで、いただく冊子を見ても、守られなければならない対象として書かれていたからです。認知症は私のほんの一部であり、ほとんどの機能は今までと変わりがありません。ただ、診断直後は気持ちが落ち込んでいただけなのです。でも、周りはそう思ってくれません。診断された次の日から、何もできなくなっていく人と思われたのです。

認知症の当事者や家族は、なぜ人に知られたくないと思うのでしょう？　これまで認知症についての情報が、重度になった人のものばかりだったから、認知症＝『困った人』『周りに迷惑をかける人』と思い込んでいるだけだと感じました。だから、偏見の言葉を投げられたことがない当事者も、周りの人から何を言われるだろう、どのように思われるだろうと考えてしまうのです。

みなさんに知ってもらいたいのは、認知症と診断されてもいきなり重度になるのではなく、その前に必ず初期の時期があることです」

「自立」について——。

「自立とは、サポートを受けながら、自分でできることは自分でやる。当たり前のことです。でも、認知症と診断されると、『何もできない人』に思われます。そのために『何かあったら誰が責任をとるの？』とよく言われます。このひと言で、当事者のやりたいことがすべて奪われるのです。

誰だってリスクのある生活を送っています。包丁を使えば手を切るかもしれない。仮に

独り暮らしの認知症当事者、ウェンディ・ミッチェルさんと。スコットランドの自宅にて

手を切っても、自分で行ったことなら誰も文句は言わないし、自分で責任をとります。それなのに認知症という診断名がついただけで、リスクのない生活、自分で責任をとらない生活になるのです。こんなの、おかしいと思いませんか？

今までは、自立することを奪っても、守ることがやさしさだと勘違いしてきたからそうなったのです。守るのではなく、一緒に寄り添い、自立ができるように手助けをすることが、当事者を前向きにさせます。周りの人は、自分が当事者と同じことをされたらどう思うかを考えて行動してほしい。また当事者も、他人に迷惑をかけているからと遠慮せず、自立するために思い切って周りの人と話し合ってほしい」

最後は「権利」についてだ。

「偏見や自立を考えていくと、普通に自分の生活ができる、やりたいことをやれる、そういった当たり前のことができる権利が認知症になってもあるのだと思いました。認知症と診断される前は当たり前だったのに、診断されると当たり前にできなくなり、守られることで自信を失い、周りの目を気にするようになって偏見を感じるのだと思います。『偏見』『自立』『権利』は、点ではなく、すべて線としてつながっているのです。偏見がなくならなければ自立や権利もなく、権利や自立を考えなければ偏見もついて回るのだと思います。

私が診断された頃は、『権利』なんて言ったら、『わがままな人』と思われるだけですから議論されることもなかったと思います。しかし、それが議論されるようになったのですから、環境は大きく変わり始めたのだと思います」

二〇一七年に丹野さんが出版した『丹野智文　笑顔で生きる』（文藝春秋）の中には、「偏見」「自立」はあっても、「権利」について述べた記述はない。数年前には、認知症の人の「権利」なんて絵空事だったのに、いまや堂々と発言でき、それに耳を傾ける人もいる。ここ数年で認知症を取り巻く環境は大きく変わり始めた。それを引っ張ってきたのが丹野さんのような当事者であり、彼らの声に耳を傾ける人たちだろう。竹内さんという一当事者と出会った偶然が、やがて日本を変える力になっていく。なんだか僕はすごいドラマを見ているような気分だった。

② 症状をオープンにするまでの葛藤

「自宅謹慎を命じる」

丹野智文さんを元気にした竹内裕さん(67)に会いたくて、僕は広島に向かった。現在は、自宅を離れ、特定非営利活動法人「もちもちの木」(竹中庸子《ようこ》理事長)が運営する多世代シェアハウス『庚午《こうご》のおうち』の一室に住んでいる。

僕は新幹線の広島駅で降りると、駅前から宮島口行の広島電鉄(広電)に乗った。かつて被爆後の広島を颯爽《さっそう》と走った650形に乗ってみたかったが、残念ながら朝夕のラッシュ時しか走っていないらしい。それはともかく、僕を乗せた車両は、広島という美しいデルタ地帯を形成した猿猴《えんこう》川、京橋川、元安《もとやす》川、本川、天満《てんま》川、太田川放水路を順に越え、四十分ほどして古江という小さな駅に到着した。

大通りから人気のない路地に入って十分ほど歩くと目指すシェアハウスがあるはずだが、表札らしきものもない。目指す番地には真っ赤なドアの建物があるだけだ。建物をぐるっと回ると子供たちの声がする。保育所のようだが、そこで尋ねると、やはりここが『庚午のおうち』だった。

外見はちょっと大きな二階建ての民家だ。上下で六部屋あり、それぞれ個室になっているが、同時にここは人と関わり合いながら生きていく家でもある。ゲストも宿泊できるというので、この日はここに泊まるつもりでいた。

建物内はカラフルなうえに共用スペースが結構あり、竹内さんとは、そのときの気分次第で場所を移動しながら話を聞くことにしていた。

初対面の竹内さんは、とにかく「派手な人」という印象である。オレンジ色のVネックのセーターの上にデニムの上下。これだけでも結構な派手さはあるが、出かけるときはそこにサングラスをかけて黄色とピンクの蛍光色のリュックを背負う。あとで着替えたら普通のおじさんになったが、外に出るときはこだわりがあるらしい。

丹野さんは、竹内さんから元気をもらったと言ったが、会った途端にそのことがよくわかった。薄くなった髪、おにぎりのようにまん丸い顔。なにしろよくしゃべる。それもアップテンポだ。陽気でカラッとしているから気分がいい。頼まれたら断れない性分だろう。まるで落語に出てくる「八つぁん熊さん」みたいな人である。初めて会ったのに、昔から知り合いだったかのように錯覚させる。客商売にぴったりの性格だと思ったら、認知症になるまで営業マンだったという。

竹内さんは認知症になってからＳＮＳ（ソーシャル・ネットワーキング・サービス）を最大限に活用している。親しい間柄の人とはメッセンジャーを使うそうで、僕とはＬＩＮＥでこの日に会うことを決めた。

竹内さんが若年性認知症と診断されたのは二〇〇九年、五十九歳のときだった。最初に診断した県立広島病院では前頭側頭型認知症だった。ところが、地元の認知症拠点病院で診てもらうとアルツハイマー型だった。もっともその後は「どっちでもええ」と再検査はしていない。

竹内さんは地元の大学を出たあと、二年ほど東京で働いたが、「東京は金を持って遊ぶか商売をしようと思う人にはいいけど、俺みたいなのは住むとこじゃない」と見切りをつけて故郷に戻った。そして漬物やかまぼこなどを包装するプラスチックフィルムなどを扱う広島の商社に営業マンとして就職する。

この会社を選んだのは、地元の企業だから転勤がなかったことと、営業が好きだったからだ。結婚して婿養子に入り、息子が三人いるが、土日は接待、ゴルフ、麻雀で、平日は接待で飲み歩いて午前様。一世を風靡《ふうび》した栄養ドリンク剤リゲインの「24時間戦えますか」みたいな感じで仕事をしてきた。ただ、もらった給料は「家には金をいっさい入れなかった親父」を反面教師にして、すべて妻に渡してきたという。

当時、竹内さんは、この会社で専務をしていた。

それが、仕入れの手配を忘れたり、突然文字が書けなくなったり、いきなり怒り出したりするので、社長から病院に行くように勧められた。

その頃のことはうっすらと覚えているという。

「社長から『今度来た支店長の名前、どういうんじゃったかいのぉ？』と訊かれたけど、『さあ、え〜っと』ってやるもんだから、『竹内よ、おまえもキレがなくなったよの』って言われていました。キレがなくなったというのは、仕事の段取りとか部下の差配とかで動きが悪くなったということ。俺は、『年ですから』なんてごまかしてたけど、社長は、なんかおかしいぞと思ってたんでしょうね」

初めて病院で検査したが、どこも悪いところは見つからず、結局は睡眠薬をもらっただけだった。ところが、それから半年ほどした頃、言い訳のできないミスを犯してしまう。

「社長に呼ばれて、『竹内君、これを見てみろ』と書類を見せられたときは真っ青でした。さかんに海外展開をしている上得意先のかまぼこメーカーがあって、うちで輸出用の包装プラスチックフィルムを印刷していたんです。包装資材というのは国によって印刷内容が違うのに、それを間違えて発注したんです。それも、コンテナを予約していたのですから、包装資材が間に合わなかったら商品は全部パー。大損です。『わかるよな』と言われても、俺は覚えていない。俺は普通に仕事しているつもりだから、こんなミスをするはずがない、こんなの誰がやったんだと思ったけど、やれるのは俺か社長しかいない。

『竹内君、専務解任、自宅謹慎を命じる』

社長もやさしいから、クビを切らずに社員として自宅待機にさせたんです」

これを契機に、竹内さんはあらためて別の病院で検査すると若年性認知症とわかった。

「頭の中はもう真っ白です。女房が一緒だったと思うんですが、それも覚えていない。社長に『認知症でした』と報告すると、『そうか、やっぱりな』と言われたのを覚えています。うすうすわかっていたんですね。

当時は女房の母親が認知症でね。娘である女房に通帳を盗まれたとか、かわいい孫に自分の五百円玉貯金を盗られたとかで派出所に行ったりとか、症状が進んでいく様子を見てるもんだから、『ああ、俺も三ヵ月か半年でお義母《かあ》さんみたいになるんだ』と恐怖が先でした。認知症じゃないときは、『認知症になったらああなるんじゃ。でも自分は違う』と思うとるんです。でも、いざ認知症と診断されたらものすごい怖いです。これは同じ病の人でないとわからんですよ。

貯金があるから生活は困らんけど、自分はいつお義母さんみたいに壊れるのかと思うと気が変になりそうで……。これからどうやって生きていこう、なんて考える余裕はないです。いつ壊れるか、その恐怖だけです。

天気のいい日に外へ出たら、近所の人から『旦那さん、どうしたん。どっか具合悪い？』って訊かれます。だけど認知症というてもわかってもらえんと思うたら、『はあ、ちょっとね』としか言えんでしょ。説明してもわかってもらえんなら出んほうがいい。それで半年間引きこもったんです」

開き直ればいい

それからしばらくして、「あれは半年じゃのうて、一年半やったかもしれん」と竹内さんは言った。

「同窓会はもちろん欠席。電話にもメールにも一切応えない。引きこもったのはいいけど、女房にとったら、これまでホテルでランチして気ままにやってたのに、家にいなかった亭主がずっと家におるわけです。それも、トイレを使ってもウンコを流さん、電気はつけっぱなし、風呂の湯は流しっぱなし。女房は怒るわ、俺もイライラして『好きで家におるんじゃないけぇ〜のお。せめて、電気ついとったから消したよ、気をつけようね、となんで言えんのか！』と喧嘩です。女房もたまったもんじゃないけど、俺が親父に殴る蹴るをされたように、俺もその血筋なんだと思うたら、もしかしたらゴルフクラブで女房を殴るかもしれんと怖かった」

忘れることは認知症のせいだが、それを何度も指摘されると怒りが溜まってきて、自分をコントロールできなくなることがいちばん恐ろしかったという。

元来、人と会うのが好きなのに、人に会いたくなかったのだから、精神的にもかなり追い詰められていた。そんな竹内さんの生活が変わったのは六十歳のときだった。

「俺は男子校だったけぇ、一緒に水泳やサッカーをした悪ガキ仲間がたくさんいました。その連中が同期生の還暦の祝いを盛大にしたんです。ところが俺だけ来ない。『あいつどうしたんかいのぉ。家に電話しても女房が出さんぞ』とかで、家まで来て無理やり連れ出されたわけです。こっちは親戚にも会いたくないほど恥ずかしいのに、なんで同期生と一緒にと思うたけど、宴会場に着いたら同期生が二百人ぐらい集まっている。半年も引きこもりじゃけぇ、酒も入って酔いも回ってくる。そのうち、ええい面倒臭い、わしはわしでええんじゃ。何か言われたら、『認知症じゃ、それがどうしたんじゃ！』と開き直ればいい。そう思ったら、外に出られるようになったんです。あのことがなかったら、今頃は寝たきりかもしれんな」

これを契機に、竹内さんは自分が認知症であることをオープンにしようと決意した。ところが、これがいつだったのか記憶にない。竹内さんは二〇一三年というが、すでに二〇一二年の新聞に掲載されているからそれ以前だろう。というのも、竹内さんは比較的記憶力もあり空間認識力もあるのだが、時系列通りにうまく記憶できないのである。

たとえば、竹内さんが丹野さんと出会ったのは二〇一三年のはずだが、「富山へは新幹線を使って行きましたか？」と尋ねると、「いやあ、あの頃はまだ新幹線はできてなかったな。なんとか特急じゃろ」といった具合である。

そのかわり丹野さんは講演が終わると力が抜けたようにグッタリとなるが、竹内さんはまったく変わらない。「酒を飲んだらどんどん元気になる」という。

丹野さんは人の顔を覚えられないが、竹内さんは覚えられる。認知症の機能障害はその人によって千差万別で、教科書通りにはいかないのだ。認知症だから記憶できない、しゃべることができないなんて思い込んでいると、大きな間違いを犯しかねない。

世界一周から帰ってみると

「オープンにしようと思ったのは、今は外に出ても元気に帰ってくるけど、急にわからんようになって帰らんかったら女房も困るじゃろ。でも近所の人がみんな知っとったら、俺がうろうろしてたら教えてくれるじゃろうと思うて、『俺がどっかに行って義母さんみたいになったら大事になるけん、ちゃんと近所にも言うたほうがあんたも楽だぜ』と言ったんだけど、女房は『イヤ!』と反対だ。それで息子たちに訊いてみたのよ。長男はすぐ賛成して次男も賛成、最後にやっと三男が賛成したからオープンにしたんです」

肚《はら》を括ってオープンにしたから働けるかと思って職安に行ったがだめだった。それならボランティアでもやろうかと思い、広島市の「ひろしま市民と市政」という広報紙で〈下水道サポーター募集〉という告知を見て応募した。仕事は、下水道を見学に来る小学生らのサポートである。

時給七百五十円で原爆ドームの「お掃除おじさん」もした。時給千円で洗車場を手伝ったこともあった。困ったのは、病気になって自家用車は手放したものの、これまで電車やバスに乗ったことがなかったから、どう行けばいいかわからなかったことだ。

やがて竹内さんは、認知症当事者として「認知症の人と家族の会」のパネリストとして登壇した。そこで「もちもちの木」の竹中庸子さんと知り合ったことで、竹内さんの人生が再び変わりはじめる。

「庸子さんが『毎日、何しよるん?』と言うから『働けんし暇なんよ』と言うたら、施設の庭に『植木を植えてくれん?』と言われてボランティアを始めたわけ。そのとき『障害者手帳、申請しとる?』と訊かれて、『なにそれ?』って言ったら庸子さんが申請してくれたんです。そしたら水道代も補助、バス、広電も半額補助ですよ」

竹中さんによれば、当時の竹内さんは今では想像もつかないほど暗かったという。

真夏の暑い日だった。竹内さんは竹中さんから「ピースボートどう? 暇でしょ」と言われた。三ヵ月も休んで世界一周旅行をするなんて、営業マン時代には考えられなかったことだ。九月に出発するという。

竹内さんは「子供も外に出たけん、お互いにこれからのことを考えようや」と妻を誘ったが断わられた。そこで思い切って独りで船に乗ることにした。そして十一月に帰国。しかし、帰った家はとんでもないことになっていた。

「深夜にタクシーを降りて家のドアを開けたらなんかおかしい。そこへ女房が帰ってきて、『あんたの荷物は次男のアパートに入れてあるけ、あっちに行って。はい、これ鍵』と追い出されたわけです。要するに、近所のアパートに住んでいた次男と俺が入れ替わったわけよ。家庭内事情で十五年ほど前から家庭内別居が続いていて、めし、寝る、風呂しか会話しなかったんやから仕方がないけど、困ったわな。

このアパートに三年ほどいたかな。そのうち庸子さんが『シェアハウスを作った。竹内さん、入らん？』というわけでここに引っ越してきたわけ」

認知症になると、それまでの家庭内事情が露骨にあらわれるというが、竹内さんはその典型的な例だろう。

今の竹内さんは、年金の半分が離婚した元妻に渡るのでつましい生活だ。この日は僕がいるので、近所の郷土料理店で一緒に夕食をとったが、普段は自炊だという。翌朝は階下にあるキッチンで、僕の分も一緒に味噌汁と目玉焼きをのせた野菜炒めの朝食を作ってくれた。認知症になると台所仕事ができなくなる人は少なくないが、竹内さんは段取りといい、料理の手際といい、まったく問題がない。まな板でキャベツを千切りにしている間に、フライパンで目玉焼きを作りながらパンも焼くという家庭の主婦以上の凄技を見せてくれた。手際がいいのはすっかりこの生活が板についているからだろう。

さまざまな工夫

富山旅行で出会った丹野さんから、「元気なのにどうして何もせんの？」と尋ねられ、

「バックアップしてくれる人間がおらんけん」と言うと、日本認知症ワーキンググループを紹介されて講演活動が始まった。それ以来、洗車場や原爆ドームなどのパートはすべてやめ、講演を中心に動くようになった。講演のたびに休めないからだ。

「竹内さん、本当に認知症？」とよく言われるそうである。実際、自転車で買い物にも行くし、タブレットやスマホを駆使して独りで旅行するのだから「どこが認知症？」と思われるのも当然である。ところが、その裏で竹内さんなりに、認知症でも独りで生活できるように工夫をしている。そのノウハウの一部を見せていただいた。

まず日常生活での工夫から。

「昔営業をやっていたときに付き合いのあった人たちが支店長になったりして、その人たちが『ビアガーデンに行かん？』とか『ゴルフに行かん？』とか誘ってくれるのが嬉しいのですが、困るのは、約束したことを忘れることが多くなっていることです。

部屋に大きなカレンダーがあったでしょ？　忘れないよう、あれに予定を書き込むんだけど、これは家を出るときに見ます。見ないとまず忘れています。それと同じ予定を書いた手帳はバッグの中に入れてます。ポケットの中にも四つに折った紙が入っていて、同じ予定を書き込んでいるんです。この紙には、『歯医者に行く』『通帳の解約』といった当日の予定を書いてあって、予定が済むと書いた部分をちぎって捨てます。用心のために、二重三重に予定を書くんです。

それでも、前夜、カレンダーに予定を書いて、手帳にも書き写したのに、朝起きて電話があっただけで忘れます。覚えていても『竹内さん、荷物が来たよ』と言われて出たらもう忘れています」

部屋の中を見せてくれた。

「うちにはタンスがないでしょ？　そのかわり透明の衣装ケースが並んでいます。透明じゃけん、衣類をそこに入れても、何が入っているかすぐわかるんです。あれをタンスに入れたら、すぐ見つけられんです」

言葉通りなら、部屋の中がすっきり片付いている印象を受けるが、実際はあちこちで衣類が山積みになってやっちゃ場（青物市場）のようになっている。トイレや風呂など共用の場はピカピカに掃除するのに、自分の部屋にはまったく無頓着なのだ。片付けられないのか、このほうが見つけやすいのか、僕にはよくわからないのだが……。

「旅行に出るとき、普通にやっても家を出るまで三十分かかります。手帳を探したりしてたら一時間はすぐ経つけん、見つからなかったら出かける気が失せて『もうやめた』となります。電車に乗ろうとして定期がのうたら乗れん。そしたら『もう帰ろ』となります。だから、透明の衣装ケースと同じで、銀行の通帳も手帳も財布も全部透明のビニールの袋に入れるんです。

外から見えない封筒に入れると必ず忘れますね。

このビニールの袋とタブレットと電子マネーのカードと名刺さえあればどこにでも行けるんです。今まで背広のポケットに入れてましたが、現地に行ったらなかったことがあって、これはいけんと思って、いつの間にかこうなりました」

竹内さんは、七つ道具が入ったバッグを開けて見せてくれる。部屋と違ってこの中はきちんと整理されていた。

「外に出るまではこれでいいけど、出たらしょっちゅう忘れています。鍵を忘れる。カバンを忘れる。財布を忘れる。それもどこに置いてきたかわからん。落ち着いて探せばいいのに、気になることがあれば、探していたことも忘れてしまう。だから現金も半分は財布に入れ、半分はあちこちのポケットに入れます。常に保険をかけているんです」

竹内さんは「こんな派手なリュック、年寄りは持たんでしょ」と、足元から取り出したピンクと黄色のド派手なバックパックを見せてくれる。う〜ん、僕なら恥ずかしくてこれを背負って歩けないだろうなと思う。

「紺とか黒だと、忘れても誰も気が付かんです。でも、俺がサングラスして、派手な格好で派手なリュックを背負って行けば、喫茶店でも、『おお、変な奴が来たぞ』となっ

普通のおじさんが、外出となると蛍光色で身を固めたド派手マンになる

て、リュックを忘れても『おじさん、忘れとるよ』と教えてくれるわけです。もともと派手だったのが余計に派手になりました」

講演を頼まれると、このバックパック一つ背負って独りで行くというので、僕は「丹野さんのように、サポートしてくれる人はいないのですか」と尋ねた。

「いない、いつも独り」

「どうして?」

「俺はすぐ忘れるので困るけど、それ以外は生活する上で困ることはないからね」

「ケアマネージャーはいるでしょ?」

「おらん。だから寂しいのよ。俺、要介護つかんもん。自分で全部できるし、自分で旅行も行く。講演したあと酒飲んで騒いで、翌日は新幹線に乗って帰る。そんな人、つかんでしょ。もうちょっとひどうなったらつけてくれるかも」

現在の竹内さんにとって楽しみは、ゴルフショップでコーヒーを飲みながら百球を打つこと、そして、神伝流《しんでん》という古式泳法を教えることである。日本には十三流派が残っていて、広島には神伝流という浅野藩の古式泳法がある。竹内さんは神伝流五段なのだ。

コツは人に訊くこと

認知症になっても、要支援か要介護に認定されなければ介護保険は使えない。竹内さんのように初期の場合は、症状がそこまで進んでいないということで、行政のサポートはほとんど受けられない。でも現実は、認知症と診断されただけで免職になり、次の仕事も見つからないのだから、多くの人は経済的に困っているはずである。

「交通費補助なんかはないんですか？」

「精神障害の二級ですからバスは半額です。ＪＲの割引はないです」

「切符はどうやって買うんですか？」

「最初はどこへ行くにも自分で手配できたのですが、そのうち予約した日にちが違ったりしたので、営業マン時代に頼んでいたＪＴＢのお姉さんに、俺が認知症じゃということを全部話して切符やホテルの手配を頼むようにしました。大事なのは、ＪＴＢなら同じ人に全部組んでもらうことです。飛行機の切符はｅチケットなので、紛失しても再発行してくれますから安心なんです」

「でも何日も前に買ったら忘れませんか？」

「だから切符も透明なファイルに入れて、目に付くところに置くんです。封筒に入れると絶対に忘れます」

独りで旅行して迷わないのかと尋ねると、あっさり「迷います」と言った。が、迷わないように工夫しているという。

「独りで旅行するときに大変なのは、地元を出るときはいいけど、たとえば羽田に着いてからそのあとです。都内に行くには何という路線の何番線に乗ればいいか。もちろんスマホのナビで調べますよ。だけど、俺はしつこく訊きます。訊いて教えてもらうほうが確実なんです。勘で動いたら絶対に駄目。ぐじゃぐじゃになるけ、壁に書いてあっても必ず訊く。コツは訊くことです。訊くのは誰でもいいのではなく、たとえば駅なら若い駅員より年配の方のほうが確実です」

この方法で竹内さんは、どこの講演でも独りで出かける。国内だけではない。海外にも行ったというのだ。

「トルコに十日間十万円のツアーで行きました。イスタンブールでの自由時間に、ピースボートで世界一周したときに知り合ったトルコの大学生と飯を食ったけど、あれが最高だったね。言葉？　俺は三流大学しか出ていないけど、英語の単語ぐらいは出てくるよ。あとはボディランゲージ。トルコは親日派が多いから大丈夫よ」

竹内さんに、認知症になっても症状があまり進行しない人と進行する人の違いはどこにあるのかと尋ねると、即座に「明るく出歩いて、おしゃべりする人」と言った。まさに竹内さん自身のことである。

当事者と家族の関係

達磨のような体型の竹内さんは、当事者仲間から「たぬきのおっちゃん」と呼ばれて人気があり、ひっきりなしに誘いがかかる。

この三日後も、大阪の立ち呑み屋に当事者が集まって飲み会をするので顔を出してくれと誘われていた。こういうときの竹内さんは、まるで舞台に立つ役者のようにド派手な格好で、それもしゃべりまくってはカラオケで熱唱するもんだから、あちこちから「竹内さぁ〜ん」という黄色い声が飛んでくる。その数日後には奈良で廃園になった梅園を開墾《かいこん》し直して、当事者の居場所を作ったから見学に来いと誘われているそうだ。ただし交通費は自腹である。

もっとも、当事者から人気はあっても、物事をずけずけ言う性格から、一部の人たちには煙たがられている。でも、飾り気がない分、その言葉には当事者の視点が素直にあらわれているように思う。たとえばこうだ。

「認知症カフェなんかで若い介護職がケアしてるでしょ。症状がだいぶ進んだ人に『なんで食べんの？』と言うのに、当事者は知らん顔。白い茶碗に白いご飯だから見えんのです。『そろそろ茶色か黒に変えてあげいや』と言うんですけど、若い人にはそういうことがわからん。私がやってきた営業というのは、現場の人に嫌われたら注文が来んです。だから現場をよう見とかんといけん。施設を当事者の視点で見ると、当事者は黙っていても、多分こう思ってるんやなとわかってきます。たとえば、『いつも食べてるのに、なんで食べんの？　食べてもらわんと困るわ』と言う介護職がいます。だからこう言うてやるんです。

『おまえ、何言うとんかいのぉ。誰でも食べとうないときもあるじゃろ』

当事者にも機嫌の悪いときはあります。そんなときに無理やり食べさせられたら怒りますよ。それが若い人にはわからん」

「認知症カフェは面白いですか？」

「面白くないです。俺がもうちょっと症状が進んでも、ここには来とうないと思うようなカフェばっかりです。話したい、という雰囲気がない。東広島市に『きく茶屋』というのができて、ここは若い人の熱気を感じるからいい。カフェに大事なのは、当事者が楽しくなることと違いますか」

　当事者と家族の関係も同じだろう。認知症の場合、家族だからといって、当事者のことをよくわかっているとは言いきれない。むしろ家族ゆえに甘えがある分、感情もストレートにあらわれることが多い。

「たとえば奥さんが認知症になって、旦那が『今まで食わしてやったのに、こんな病気になりやがって』と思ったら、奥さんは怒られていると感じます。仕方がないんじゃが、家族じゃけん、態度でわかるからね。そのうえ『また忘れて』とか言われたら、当事者は『くそ！』と憤り、『どう言えばわかってもらえるかわからん。言うても聞いてくれん。いつも怒りやがって』と、イライラが高じて悪態もつきたくなります。

　一方の家族は『いつも同じ言葉しか返ってこん。こいつは言うてもわからんぞ』となると、当事者を無視します。すると当事者は言い返すことも嫌になってきます。

　さらに症状が進んだら、すぐ返事しようと思っても言葉が出てこんようになる。やっと言葉が出たと思ったら、話がもう次にいっとる。そこでなんとか言葉を思い出して言おうとしたら『何を今さら、もう終わってるじゃろ』となります。それでも気になるから、『さっきの話はねぇ』と何べんも言うと『しつこい！』と怒られる。これが毎日のように続けば、当事者には地獄です。

立派な介護職の方でも、いざ自分の家族が認知症になると、今言ったようなことをするのは、身内ゆえについ厳しく当たってしまうからです。惚けた人になってほしくないからです。独り暮らしの当事者は元気だというのは、そういうプレッシャーがないからですよ。俺も家にいるときは女房からプレッシャーを受けて潰れとったけど、家を追い出されてから元気になったと友達から言われます。だからね、サポートするときは、本人より先に家族をサポートしたほうが、本人も楽になると思うんですがね」

ただし独り暮らしも辛いことがあるようだ。

「女房に追い出されてから、俺はクリぼっち、正月ぼっち。寂しいのよ」

竹内さんは、しんみりと言った。

③ 着替えに五時間　三次元の世界と格闘

空間認知機能に障がいがあると……

「う～ん、こっちの袖口はどこにあるのかな？　目印がここだから、方向はこれでいいはずなんだけどね。いえ、目が悪いんじゃないんですよ。袖口が探せないんです」

名古屋駅から数キロ離れたあるマンションの一室で、山田真由美さん（57）はシャツの着替えにてこずっていた。袖に腕を通せないのだ。

目の前にある袖口になぜ通せないのだろう。傍《はた》で見ていても理解できなかった。医学的には「着衣失行《しっこう》」と呼ぶそうだが、きっと三次元の世界が当たり前のように思っている人には想像もつかないだろう。

悪戦苦闘しながら二十分ほどしてなんとか通せたが、これでも普段と比べたら超がつくほど早いのだという。「昨日、作業療法士さんと、どうやったら早く着られるか練習したんですよ。昨日はもっと早くできたんですけどねぇ……」と、山田さんはちょっぴり残念そうに言った。

「この次に大変なのは、財布にお金を出し入れすることね。やりますか?」

そう言うと同時に、すでに手は長財布から千円札を出そうとしていた。ところが、何枚かある中の一枚だけ取り出すのが難しいのか、紙幣の一部をつまんだり放したりしながら難渋している。ようやく取り出せたものの、今度は財布の中に入れられない。

「どうして入らないのかしらね」

紙幣を横にすれば簡単に入るはずだが、山田さんはなぜか縦に入れようとしてしきりに首をひねっていた。

山田さんが認知症と診断されたのは二〇一一年二月、五十一歳の時だった。アルツハイマー型認知症なのだが、一般的な記憶障害はほとんどない。そのかわり、空間認知機能に障がいがあったのだ。

空間認知機能に障がいがあると、立体的に自分のいる位置を把握するのが難しくなる。財布に紙幣を出し入れする行為も、シャツの袖に腕を通す行為もそうだ。三次元空間の移動が、僕らのように簡単ではないのだ。

この日は奇跡的に早かったが、いつもの山田さんなら靴下を履くだけで半時間、パジャマから着替えるだけで早くて一時間、長ければ五時間はたっぷりかかるそうだ。朝九時に出かけるなら、五時に起きて着替えを始めないと間に合わない。

それだけではない。部屋を見渡すと、立派なタンスがあるのに、衣類がそこかしこに置かれていた。ハンガーに掛けたりタンスにしまったりするとわからなくなるからだ。

「ヘルパーさんが気をきかせて、私が置いた服をハンガーに掛けると取り出せないの。タンスの引き出しに『閉めないでください』と書いて貼ってあるのも、ヘルパーさんに閉められると、私には開けられないからなんです」

床など平面に置いたものはすぐ認識できても、三次元空間になると難しいらしく、たとえば、部屋の中のタンスはタンスに見えているし、引き出しは引き出しなのだが、どこに手をかければいいかわからなくなるのだそうだ。

僕たちの住んでいる世界は三次元空間だ。三次元の認知が難しいとなれば、この世界で生きていくことに困難を伴う。だからといって何もできないわけではない。無限の可能性がある脳の機能で、ごく一部の情報伝達がうまく働かないだけで、思考力や判断力とはまったく関係がない。ただ、記憶障害は補助ツールでカバーできても、空間認知障害をカバーできるツールが極めて少ないことが問題なのだ。

山田さんは「そうそう、大変なのよ」と、なんだか他人事のように言う。広島の竹内さんも愉快な認知症当事者だったが、山田さんはそれに輪をかけて陽気な当事者だった。満月のような丸い笑顔といい、リズムのある語り口といい、その快活さと磊落《らいらく》さはそばにいる人たちを楽しくさせる。

一番辛かったとき

山田さんには一男一女がいるが、二人の子供がまだ保育園に通っていた頃に離婚した。シングルマザーになった彼女は、二人の子供を育てるために三十五歳で給食の調理員になる。

朝は戦場のような忙しさだったが、料理は食べることも作ることも好きだったから、辛いと思ったことがなかったという。

僕は「今の給食っておいしいですよね」と言うと、山田さんは弾むような笑顔で相づちを打った。

「おいしいですよ〜。カレーのルーも小麦粉から作りますからね。ダシとかもカツオのダシを使って……、いつも自慢していました」

毎日が楽しかったという。

ところが調理員になって十二、三年ほど経った頃、山田さんは体の異変を感じた。

「最初は漢字が書きづらくなって、おかしいなぁと思ったんです。計算も間違えてばかりでした。ベッドにシーツをかけられなくなったのもその頃です。シーツと格闘しながら、なんでできないんだろうと不思議でした。もちろんシーツは見えているし触っている感覚もあります。でも、できないんです。服を前後逆に着たのもその頃です。

ある日、年賀状を送った友達から電話がかかってきて『今年の年賀状、誰が書いた？』って訊くんです。『私だよ』と言ったら、『男の人が書いたのかと思った』と言われてびっくり。自分でもおかしいと思っていたときでしたから、とりあえず病院で診てもらいましたが、でもこのときの診断はうつ病でした。しばらく様子を見ましょうということで、お薬ももらわずに帰ったんです」

調理員の仕事は続けたが、それから三年ほど経つと、だんだんできないことやミスが重なってきた。

「小麦粉の袋を閉じていた紐を外して捨てたつもりだったのに、調理器具内に入っていたことがあって、異物混入になるといけないから慌てて探したことがあります。手袋ができないとか、水道のホースが巻けないこともありました。味覚？　それは変わりませんでした。

ただ包丁がうまく使えなくなってきました。給食ですから食材を同じ形に切りそろえないといけないのに、私だけバラバラなんです。銀杏《いちょう》切りという切り方があるのですが、それもできなくなりました。だからよく注意されましたね。それで再度検査をしたんです」

このときようやくアルツハイマー型認知症と診断された。

「かかりつけのお医者さんから『若年性のアルツハイマーは五年で廃人になるんだよ』と言われて……。頭の中がグァ〜ンと真っ白でしたね。

あのときはマンションの下で、娘と二人で大泣きしたことは覚えているのに、その後のことは思い出せないんです。あまりにもショックだったから記憶が飛んじゃったのかも……。しばらく経ってパソコンで調べましたが、嫌なことばっかり目に入るし、私どうなっちゃうんだろうと、不安で不安で……。ただ嬉しかったのは、子供たちがこれまでと同じように普通に接してくれたことです」

山田さんは上司に認知症と診断されたことを伝えた。さいわい免職にはならず、これまで通り調理員として給食の現場に出ることができた。

「まだ普通にできるといっても、エプロンをつけたり手袋をしたりするのに時間がかかりました。でも親切な同僚がいたおかげで、助けてもらいながら続けられたんです。ゴム手袋ができなかったら、私が手を挙げると、上からスポッとはめてくれるんです。エプロンをちゃんとつけられるようにそろえてくれたり、着替えを揃えてくれたり、やさしい人がいっぱいいたから、認知症でも楽しく、笑いながら仕事ができたと思うんです。

ところが、異動になったら大変でした。認知症だからみんなと同じように働けないでしょ? それなのに、これまで通りのお金をもらっていることが許せないらしく、ボスみたいな人から『税金だと思って』とか、いろいろイヤミを言われました。『あなた、字書けないんでしょ?』『数、数えられないんでしょ?』。朝の打ち合わせでも、私だけが名前を呼んでもらえず無視される……。手を差し伸べてくれる人もいなくはなかったのですが、ボスみたいな人に睨まれないように内緒でなんです。

あの時期が一番辛かったですね。

家に帰ったらいつも泣いてるもんだから、子供たちが『お母さん、もう辞めていいよ』と言うんです。でも、その話を聞いてもらった友達から『辞めたらお金が入らなくなるよ。とにかく頑張ろう』と言われ、私もここで負けちゃだめだと思って仕事を続けていましたが、もうぎりぎりでしたね。そうしたら、一日に千食を作る大規模校へ異動になって解放されたんです」

「一日に一千食ですか？」

「ええ、センター方式でやるところは多いのですが、名古屋はいまだに自校式なんです。だから、三百食のところもあれば千食のところもある、地域によってまちまちなんです」

学校給食には学校内の給食室で調理する自校方式と、複数の学校給食を一括して調理して配送するセンター方式がある。自校方式で一千食というのは、生徒が一千人規模の学校ということだ。

「でも、できないことがだんだん増えてきて、最後は掃除とかゴミ出しだけになっていましたね。それでももう無理かなと思って、二〇一五年に休職したんです」

「休職で収入が途絶えたら生活が大変なのでは？」と僕は尋ねた。すると山田さんは
「すっごく大変！　しばらく休職手当があったけど、今は傷病手当金と障害年金だけです。貯金を崩すしかないから、それはもうタイヘンよぉ」と、ちょっとおどけたように言う。でも、実際の山田さんは、休職と同時に引きこもり、日がな一日テレビを見るだけだった。

「近所に知られたくないから隠していたんです。認知症の薬を飲んでいることがバレないように、ゴミを捨てるときもよく注意して捨てていました」

打ち明けて知る人のやさしさ

鬱々《うつうつ》とした時期はそれほど長く続かなかった。

休職した二〇一五年、山田さんにとって人生の転機となるような出来事が立て続けに起こったのである。最初はこの年の夏、人間ドックに行ったときだった。

受付の女性に、着替えができないことやロッカーの鍵をかけられないことを伝えると、「いいですよ」と手伝ってくれた。すると、何もかも簡単にできたのだ。

山田さんは「こんなに楽なら、人に頼んだほうがいいや」と開き直り、それ以来、困ったことがあれば躊躇《ちゅうちょ》せず頼むようにしたという。

「最初は隠したいから気を遣っていたけど、一度いい思いをしたら、隠すことに気を遣うより、『私は認知症という病気で、何も悪いことはしていない。胸を張って認知症と言えばいいんだ』と思ったほうが楽だとわかったんです。

だから私の頼り方ってすごいですよ。

パン屋さんでパンを買っても、財布を開けて『ここにお釣りを入れてくれますか』と言えるようになりました。最初は驚かれましたが、『ごめんね、私、入れられないんだわ』と言うと入れてくれます。楽でしょ？　このマンションの人も、私が認知症だということはみんな知っています。『実はね』って自分から打ち明けたんです。みんなびっくりしていましたが、私はよく鍵を差しっぱなしにしたまま部屋に入るようで、隣の人はそれを聞いて、『ああ、だからね。安心したわ』なんて笑っていました。買い物袋を抱えていると、どこかのご主人が私の部屋の前まで運んでくれたりします。言って本当によかった。みんなやさしい人だからね」

山田さんが認知症と診断されてから二年ほど経った二〇一三年十一月、名古屋市でスタートした若年性認知症本人・家族交流会「あゆみの会」に参加した。もっとも、この時期の山田さんは、自分の周りに壁を築いたみたいにほとんどしゃべらなかったと、名古屋市認知症相談支援センターの鬼頭史樹さんは言う。

「最初は五、六人の当事者が来てくれたのですが、女性は山田さんだけで、あとは男性ばかり。面白くなかったんでしょうね。最初の二年は来たり来なかったりでした」

ところが一五年の秋、「あゆみの会」に女性がもう一人加わった。その話になると山田さんの顔が一気にほころぶ。

「そうなのよ。久しぶりに行ったら私と同じ年代の女性がいたんです。まだ子供が中学生でね。彼女に『私、若年性認知症なんだけど、あなたもそう？』って尋ねると『そうです』って言うんです。

『私、字が書けないんですよ』

『私もそうなんです』

『着替えもすごく時間がかかるんですけど』

『私もそうそう』

　初めて私と同じ人と出会って、私は独りじゃないんだ、私よりまだまだ大変な人がいるんだとわかったら、こんなにクヨクヨしながら生きてちゃだめなんだ、もっと前に出ようと思えるようになったんです」

　それ以来、周囲も驚くほど陽気な山田さんに変身していった。

　二〇一五年十月だった。丹野智文さんの講演が名古屋であった。鬼頭さんは、今の山田さんならもしかしたらと思い、「丹野さんの講演会に行ってみる？」と誘った。山田さんは躊躇せず「行く」と返事をした。そして講演会の当日、電車で向かっていたら、なんと同じ車両に丹野さんが座っていたのだ。山田さんはいきなり丹野さんの横に座り、「丹野さんですか？」と声をかけた。丹野さんはギョッとし、〈なんだなんだ、このおばちゃんは〉といった表情で体を引いた。山田さんはそんなことはまったく気にせず、「私も認知症当事者なの」と丹野さんにしゃべり続けた。このとき、丹野さんから「しゃべれるんだったら講演でもやれば？」と言われたのがきっかけで、山田さんも自分の体験を語るようになる。

ただし、丹野さんのようには原稿が読めない。一行を読んだら、次はどこの行に続くのかが認知できないのである。「段が変わると、『この続きはどこなの、どうしてないの?』って感じ」だと言う。新聞はもちろん読めない。だから講演は鬼頭さんが山田さんに質問し、山田さんがそれに答えるという対談形式になった。準備なしで素の山田さんをさらけ出す。それが山田さんの講演である。

字が書けない、時計も読めない

冒頭でも述べたように、人間が生きていく上で空間認知障害があると一苦労だ。服を着るだけで膨大な時間がかかるように、僕たちには当たり前のことでも、山田さんにはそれこそ筆舌に尽くしがたい困難を伴う。

「スーパーのレジで財布を取り出してもお金を出せないものだから、後ろのほうから『何やってんだ』みたいな冷たい視線が飛んでくるんです。すると余計に焦っちゃってね。今は混んでるからだめってお店の人に言われたこともあります。だから買い物は昼間とか、空いている時間を狙って行きました。

やっと支払っても、今度は買ったものを袋詰めできないんです。入れようと思ってもなぜかうまく入らなくって、袋から落ちてしまうの。今は買い物をするスーパーを決めて、同じ従業員の方に袋詰めを手伝ってもらっています。品ぞろえは少ないんですけど、みんなやさしいんです。レジの方にも、『この財布からお金を取ってください』って言うの。すると『お釣りはここに入れましたよ、レシートはここね』って入れてくれるんです。楽でしょ？　郵便局に行ってもそう。必ず声をかけます。お願いすればみんな助けてくれるから、どこに行っても大丈夫なのよ」

最近は文字を書けなくなっているそうだ。最初は曲線の多い文字が書けなくなり、今は「口」や「山」のように直線でできた文字をかろうじて書ける程度だという。

そこで実際に「山」を書いてもらったのだが、「山」と判読するのはほとんど不可能な〝記号〟だった。

「山という文字を見たらわかります。でも、これと同じように書こうとすると、うまく書けない。書こうとすると、手が止まってしまうんです。真似もできません。だから数字も書けないし、ひらがなも書けないんです」

「山」という文字を見ながら、「山」が書けないという感覚が僕にはどうしても理解できなかった。

山田さんの空間認知障害にかぎらず、認知症の人たちが負っているさまざまな障がいは、僕たちの理解をはるかに超えたものであることを知っておくべきかもしれない。

字が書けないということは、日常の生活をさらに困難にしてしまう。

「文字がうまく書けないから、壁に貼ったカレンダーに予定を書き込むのも、ヘルパーさんに書いてもらいます。講演の予定が入ると、鬼頭さんがスマホの共有スケジュールに書き、それをヘルパーさんに見せて書き写してもらうんです」

試作中だというカレンダーを見せてもらった。予定が変更になっても、書き直さなくていいようにマグネットのカードをくっつけるようにしたのだが、肝心の日付の枠にくっつけようとしても入らないのだという。

「スーパーで袋詰めできないように、たとえば納豆のように包装されたものを開けようとするとすごい時間がかかります。タレが入った小さな袋を開けるのはさらに大変。ヘルパーさんにはそれを全部開けてもらうのではなく、私が開けやすいように切り込みを入れたり、ちょっとだけ開けてもらったりします」

他にもできないことはいっぱいある。たとえば計算ができない。洗濯ができても、うまく干せない。コートを脱いでもハンガーに掛けられない。ハサミが使えない。メガネをかけるのも難しい。時計も——、

「読めないんです。デジタル式の時計なら大丈夫ですが、長針短針の時計は無理です。

料理もしていません。いちどトースターでパンを焦がしたことがあって、煙が出たので電源を切ればいいのに、慌てたのか息を吹きかけて消そうとしたんです。今は、友達に食事を作ってもらったり、結婚と同時に近所に引っ越してきた息子の家へ食べに行ったりします。こないだも、また呼んでもらわないといけないから『おいしい、おいしい』って褒めまくって帰ってきました（笑）」

これだけできないことが重なると、ほとんど普通の日常生活が不可能に思えるのだが、少なくとも僕には普通に暮らしているように見える。それは、山田さんが「人に頼る」ことを知ったからである。

着替えに五時間もかかるように、空間認知障害の人は独りでやろうとすると膨大な時間がかかる。ところが、人に手伝ってもらえば着替えも一分とかからない。記憶障害の人がスマホや手帳をサポートツールとして活用するように、山田さんにとってもっとも効率的なのは、外部の人に頼ることだった。「私の頼り方はすごいですよ。誰かれ構わずお願いしていますからね」と言うように、山田さんは多くの人に頼ることで自分らしい自立した生き方を実現しようとしている。

「失敗したらネタができる」

「私は外に出ていくのが大好きだし、遊ぶのも大好き。家の中でじっとしているのが嫌だから、用事がなくても独りでスーパーとかに行って誰かとしゃべっています」

実際、山田さんはよく出かける。では問題なく出かけられるかというと、実はそうでもない。よく失敗している。

「こないだも名鉄（名古屋鉄道）に乗って改札を出ようと思ったら、ＩＣカードのチャージが足らなかったんです。財布からカードを取り出し、それをチャージする機械に差し込んで紙幣を入れる。たったこれだけなのに、ものすごい時間がかかります。お金を機械に入れるのは大丈夫なんですけど、財布からお金を出すのが難儀なんです。気が付いたら後ろにずらっと人が並んでいました。

バスに乗って小銭を落としたときも大変でした。拾うことができるのに財布に入れられない。運転手さんが『早くしてください、危ないですから』とイライラしていました。

最近、エスカレーターに乗れなくなりました。動いているものに飛び乗るのはすごく怖いんです。人ごみだったらなおのこと、絶対に乗れないですね。階段の上り下りも、どこに足を置いていいのかわからず、手すりがないとできません」

「割り箸を出されるとこれがまた……」と言いながら僕の前で実演をしてくれる。割り

真剣な表情で割り箸を割ろうとする山田さん。割れたのは10分後だった

箸を袋から出そうとするが、たったこれだけでずいぶん時間がかかる。さらに割ろうとするが割れない。何度かトライして、ようやく割れた。箸を持って食べようとすると、どういうわけか、箸がクルッと回って手の甲の上で逆向きになっている。何度やっても箸が回転する。まるで手品を見ているようだ。

困るのがトイレだという。オーストラリアのクリスティーン・ブライデンさん（一九九五年にアルツハイマー病と診断され、『私は誰になっていくの？』〈クリエイツかもがわ、二〇〇三年〉を出版した認知症当事者）は、外出先でトイレに入ると、ドアがいっぱいあるので出口がわからなくなるそうだが、山田さんはそうではないらしい。

「私は鍵をかけられないです。こっちに回

せばいいんだよ、と教えられても『ええ、どこ？』って感じ。鍵をかけられても、今度はその鍵をはずせない。時間がかかるんです。トイレットペーパーの端っこが探せないこともあります。こないだも隣に入った友人から投げてもらいました(笑)。

旅行に行って困るのもトイレですね。だから、旅先に着いたら真っ先にトイレを拝見。このトイレは駄目だと思ったら次のトイレまで我慢します(笑)。すべて自動になっている障害者用のトイレはいいですね。そんなトイレを見つけたら、あのトイレがあるなら次もそこへ出かけてみたいと思います」

出かけるのに困るのはそれだけではない。

「靴を履くのも難しいんです。左右がわからない。出かけたら、左と右が逆で急いで履き替えたなんてこともあります。だから、靴の先にマジックで左右がわかるように印を書いているんです。でもお出かけは楽しいですよ。もちろん独りだと勇気がいりますが、結構楽しんでいます。無事に帰れたら『よく頑張った！』って自分を褒めてやるんです」

山田さんが楽しいと思えるようになったのは講演するようになってからだという。今は「失敗したら、講演のネタができたと思って喜んでます」と、声をたてて笑った。

山田さんに「これから何をやっていきたいですか」と尋ねた。僕は、認知症の人に必ずこの質問をする。なぜなら、たとえ認知症になっても、生きる意味と目的、そして希望があれば思いっきり自分の人生を生きることができると思うからだ。すると山田さんは「仕事をしたいんだけど、何をやれるのかなぁ……」とつぶやいた。

山田さんは講演する理由を「自分が認知症になってすごく悲しんだので、これから認知症になる人がそんな思いをしないような社会になってほしい」と言ったが、そんな理屈よりも、山田さんには人前でしゃべることが活力になっているように思う。だから僕は「地元のラジオ局でディスクジョッキーなんてどう？」と言った。

「名古屋弁でやったほうがいいですよ」

すると山田さんは、「そんなこと言ったらいかんで」と名古屋弁でまぜ返しながら、「実は愚痴を聞くバイトがあって、あれをやりたいんです。精一杯しゃべってもらって、相手からありがとうございますなんて言われるのは素敵じゃないですか」と目を輝かせた。

僕は目を丸くして聞いていた。

愚痴の聞き役は実現しなかったが、二〇一七年六月、山田さんは名古屋市西区の認知症専門部会の委員に任命され、月に一回、窓口で認知症の人の相談（認知症相談窓口「おれんじドア　も～やっこなごや」）にも応じることになった。

「若年性認知症で働けない人がいっぱいいるでしょ？　そういう人たちと一緒に働けるところがあればいいなぁ……」

まるで少女のように言った。

④ 絶望の六年から自信を取り戻すまで

定年前に校長が選んだ道

「俺たちの気持ちなんてわからへんのや！　俺たちは俺たちや！」

ほんのり顔を赤らめた、実直そうな男が大声でしゃべっていた。

居並ぶ客から「そうや！」の声を聞くと、僕のほうに向かって言った。

「『認知症、それがどうした！　俺は俺だ』という言葉が好きなんです。僕は悪いことなんて何もしてへん！」

曽根《そね》勝一道《かつかずみち》さん（68）は、そう言うと横へ移動し、同じ六十代の二人と肩を組んで、舟木一夫の「高校三年生」を大きな声で歌い始めた。

ここは大阪市・西九条の高架下にある立ち呑み処「こばやし」。名前の通りの一杯呑み屋で、三十年以上も前から営業しているそうだが、「戦前からやってる」と言われても疑われないほど、店も店員も古色蒼然《こしょくそうぜん》としている。関西の中心ともいえる繁華な大阪駅からJR大阪環状線でわずか三駅離れたところにこんな店があるとは驚きだ。高齢の人たちが切り盛りしているから、客はどこかからキープした焼酎を勝手に取り出しては飲んでいる。店は二十人ほど入れそうなスペースだが、既に客は路地にあふれていた。

この店に人が集まり始めたときはまだ明るかったが、八時を過ぎてすっかり暗くなった頃からもうお祭りのような騒ぎである。おそらく五十人は超えているだろう。そこかしこでビールや焼酎のグラスを片手におしゃべりが続いていた。

この賑わいは、大阪・堺市にある特別養護老人ホーム「年輪」のソーシャルワーカーで、若年性認知症の人と家族と地域の支え合いの会「希望の灯り」（通称家族会）を主宰する下薗《しもぞの》誠さん（58）が始めた「認知症サミット」という飲み会である。

認知症の人が何を望むかといえば、認知症になる前の生活に戻ることだろう。むろんすべては無理でも、一歩でも近づくことができればいい。ここにはそれがあった。

誰だって認知症になる前は、仕事を終えたあとで、居酒屋で一杯やったことが一度はあるはずだ。それなのに、認知症になった途端、居酒屋どころか、仲間と酒を酌《く》み交わすことも遠慮しなければならない雰囲気がある。認知症の人が、飲んで騒げる立ち呑み屋があることが、僕はうらやましかった。

少し酔っているらしく、曽根勝さんは顔を赤く染めて陶酔したように歌っている。奥さんの重美さん（67）は、少し離れたところで顔見知りの人と話し込んでいた。

曽根勝さんが認知症と診断されたのは九年前（二〇〇九年）である。大学を卒業してからは教育畑一筋に歩み、そのときは小学校の校長だったという。普段ならソファに座っても姿勢を崩さず、言葉も慎重で髪も七三に分けていかにも校長先生という雰囲気なのだが、ここにはそんな曽根勝さんとはまったく違った姿があった。

曽根勝さんが、自分でもおかしいと感じたのは五十五歳の頃だった。同じものをいくつも買ったり、子供たちに話をしたことも忘れるようになり、「物忘れがひどくなって、人と会うのがしんどかった。仕事の時は大丈夫やったけど、おかしいな、どういうわけかすぐ忘れる」と気にしていたが、まさかそれが認知症だとは思わなかった。同じ教育者である重美さんは「何度も同じことを訊くのでおかしいと思いましたが、理由がわからないので不安と混乱の日々が続いた」という。

それでも曽根勝さんは診察を受けなかった。校長というプライドが許さなかったのかもしれない。

当然、仕事での失敗はあったが、曽根勝さんは覚えていない。管理職だったから、周りにいた教員らがサポートしてくれたのだろうが、三年ほど経つと徐々にはっきりと症状があらわれるようになった。

曽根勝さんも、「おかしいなぁ。言われたことをすぐ忘れる、(教員や生徒の)名前もすぐ忘れる」と困り果て、ようやく診てもらおうと決心する。

「お医者さんに、アルツハイマーという病名を聞かされたときは、これで自分の人生はもうお終《しま》いやと覚悟しました。ただあのときは、こんな病気になって恥ずかしいという気持ちがあって、隠そう隠そうと思っていました」

曽根勝さん、五十九歳のときだった。

「言われたことをすぐ忘れたりして、自分ではおかしいと思っていたけど、とにかく隠しました」という。しかし、それもやがて限界がくる。何かあったら責任がとれないだろうと考えた末に、定年一年前に辞職した。しかし、学校側へは認知症であることはひと言も言わなかった。

大変だったのはそれからである。アルツハイマーがどういう病気かよくわからない中で、「こんな姿を近所の人に見られたくない、恥ずかしい」という気持ちがより強くなって、引きこもりがちになっていた。それも「認知症」と名のつく所にはいっさい関わらず、支援も受けない、介護保険もいっさい受け付けないという徹底ぶりである。

「教師だから普段の声は大きいのですが、引きこもってからほとんど声を出さなかったんです。朝起きると『また朝や』ですわ。『おはよう』じゃなくて『また朝が来た、嫌やなぁ』って。そこから一日がスタートするんです。めちゃ暗かったですね」と重美さんが言えば、曽根勝さんは、「僕、そんな悪いことしてないのに、なんでこんなになったんやろと、そんなことばっかり考えてしまうんです」と囁《ささや》くように言った。

「ショックで、とにかく人と会わないようにしていました。会うのは妻とだけです」

外に出るのは、重美さんの買い物についていって荷物を運ぶときか、山登りが趣味だったから「三人の山仲間がたまに誘ってくれた」ときだという。

山に誘われたことがよほど嬉しかったのか、「認知症になってから嬉しかったのは、山の仲間たちが誘ってくれたこと」と、顔をくしゃくしゃにして言う。

「へえ、それまで、どこの山に登っていたんですか」

「ほとんど国内ですが、海外もあります」

「モンブランとか？」

「いえ、チョモランマ（エベレスト）です」

「えっ？」

横から重美さんが「本格的な山登りです。日本アルプスもアイゼンを持って縦走したりしていました」と口を添えると、曽根勝さんは「家庭を顧みず……」と笑った。

すごい話に、僕はただ驚くばかりで、二人の会話にじっと聞き入っていた。

転機となったMVP

曽根勝さんの引きこもりがちな暮らしは、実に六年に及んだ。転機を迎えたのが二〇一四年のことである。重美さんは言う。

「六年も経って、この先も真っ暗だと思うと、さすがにこれではいけないと思って市の窓口で相談したんです。若年性認知症の人にできることはありませんと言われ、『家族会は？』って訊いたら、それもありませんと言われました。さすがに担当された方も気の毒に思ったのか、下薗誠さんの認知症フォーラムを教えてくれたんです。もちろん本人は行かないから、最初は私が独りで行きました」

隣で曽根勝さんは「そうやね。当時は子供と遊ぶ以外、人に会わないようにしていました」と言い添えた。

おそらく妻に誘われて仕方なく下薗さんに会ったのだろう。下薗さんの印象では、最初は下ばかり向いて小さくなっていたという。ところが、下薗さんが活動の中心にしようと借りた畑に行くと、「風が心地ええなあ」といっぺんに気に入ってしまった。

畑仕事はそれなりに楽しかった。何度か行き来するうちに、下薗さんは翌年三月に静岡・富士宮市で開催される全日本認知症ソフトボール大会（Dシリーズ）の話をし、強引にエントリーしてしまった。

こうして曽根勝さん夫妻と下薗さんとの交流が始まる。

富士宮市にはソフトボールの国際大会が行われた専用球場がある。Dシリーズとは二〇一四年からその球場を使って始まった認知症の人たちのソフトボール全国大会である。

とにかく、夫を外へ連れ出したかった重美さんは、気がすすまない一道さんに「富士山を見たいから行こう」と誘った。一道さんは行きたくなかったが「あなたが行きたいんだったら、僕も行くよ」としぶしぶ了承する。

本音ではちらっと富士山を見て帰るつもりだったから、グローブも持って行かなかった。当然曽根勝さんはソフトボールなんかするつもりはない。何度も帰ろうとするので、重美さんらが必死になだめた。

曽根勝さんの打順は三番。すぐに回ってきた。重美さんが「打つだけ打って帰ろうか。迷惑かかるよ」と言うと、仕方なくバッターボックスに立った。律儀な一道さんは、教育者らしく「迷惑をかける」というのをもっとも嫌ったからだ。

しばらくすると、下薗さんからピッチャーをしてほしいと言われ、マウンドに立つことになった。

この時のDシリーズは二〇一五年の第二回大会だが、じつは僕もこの試合をベンチのそばで見ていた。最後まで力投していたピッチャーのことはよく覚えている。

「あれが曽根勝さんだったんですか」と僕はちょっと興奮気味に言った。曽根勝さんは恥ずかしそうに下を向いて笑っている。

試合が終わってみると、なんと曽根勝さんがMVPに選ばれた。地元のテレビ局や新聞社がインタビューするために曽根勝さんを囲んだ。重美さんが言う。

「それまで名前も住所も頑なに言わなかったのに、楽しかったものだから全部言ってしまったんです。記者の方から『いいんですか？』と訊かれたのですが、『言ってしまったものはしょうがないなあ』というわけで、悩むことはなく、あれよあれよという間にオープンにしたんです」

まるで子供のようにはしゃぐ曽根勝さんの姿が浮かぶ。

実際、横で聞いていた曽根勝さんは顔をくしゃくしゃにし、「楽しくて子供みたいでした」と言った。

「人に見られていたら気を抜けないので、下手なことはできないですよね。頑張ろうと思います。あの時も、どうせ出るなら負けてたまるかと思いました。あれですっかり気分も変わりました。褒めてもらったから（笑）」

抑揚のない声だけれど、あのときのうれしさを精一杯表現しようとしていた。

曽根勝さんが「あれは僕にとって大きな出会いでした」と言うように、この日を境に生活が一変した。下薗さんに誘われて、講演活動やさまざまなイベントにも参加するようになった。立ち呑み処で大勢の人たちと語り合うこともその一つで、酒は強いほうではないが、大勢で楽しむのが好きだという。

特に人と話をすることが好きでもなかったのに、今は「人と出会うのはいいと思います」と言う。これも認知症になって発見した新たな人生かもしれない。

やれないと思っていたピッチャーを、やってみたらMVPまで取ったのである。そんな自信が曽根勝さんの背中を押したとき、「僕と同じようにしんどい思いをしている人がいるなら、僕に何かできることはないかなと思いました」と積極的に生きるようになった。「しんどい状況」というのは、六年近く引きこもりがちになっていたときのことだ。

同じように辛い思いをしている人がいるなら手を貸してあげたい、と……。

それがこんな言葉になってあらわれる。

「自分も忘れんぼやけど、もっと忘れる人もいる。でも、アルツハイマーって病気かなあ。他の人と話をしても楽しくできるし、僕って病気なんですかね。

お医者さんから、アルツハイマーという病気やと言われたときは、自分の人生は終わりやと思ったんですけど、下薗さんと会って、元気になるように言うてくれはって、自分にもできることがあるんだということを知りました。アルツハイマーという病気は、そんな大変なことやないということを、これから伝えていきたいです」

「安心して迷える場所」

講演活動といってもそんなに頻繁にあるわけでもない。ただ、引きこもりがちな頃にくらべると、日常の生活は大きく変わった。

たとえば、毎朝散歩に行くこともそうだ。

「気が向いたらどんどん歩いて行きます。決まったコースもあるし、迷ったときの不安は……、今はあんまりないです。迷うことはもちろんしょっちゅうです。恥ずかしいけど、そんなときは人に声をかけて訊きます。訊いたら教えてくれるので、訊けばええんです。『ここはどこですか？』とか、『アルツハイマーという病気なんで、忘れてしまうんです』と言うと助けてくれるんです。こう行けばいいとか、連れて行ってくれたりします。やさしい人が多いですね」

曽根勝さんが独りで散歩に出かけても、重美さんは心配していない。なぜならキッズ用のGPSを持っているので、スマホで位置確認ができるからだ。だから曽根勝さんが「散歩に行きたい」と言うと、重美さんは「どうぞ」と送り出す。

ちなみに、出かけるときはバッグを持たない。忘れるからだ。そのかわり、時計や財布やハンカチなど、ズボンのポケットに突っ込めるだけ突っ込む。だから、ポケットはいつもパンパンに膨らんでいる。

曽根勝さん自身は、散歩することに不安はない。迷ったときは人に訊けばいいとわかっているからだ。そのことを知ったのは二〇一六年三月に金沢で講演したときだ。ホテルに泊まったのだが、夜中にトイレに行くつもりで廊下に出てしまった。オートロックだから閉まると戻れなくなった。部屋で重美さんが寝ているのだから、ドアホンを押せばよかったのだが、そこまで気が回らない。

「一人でしたから、汗がどっと吹き出て、どうしよう、どうしようと思ったのですが、人に頼ったらいいんやと気づいて、たまたま通りかかったホテルの人に、『すみません』

と言って訊いたら助けてくれたんです」

それまで認知症の人が声をかけても、まともに答えてくれるとは思っていなかったという。それ以来、わからなくなったら、まず人に尋ねるようにしたという。

「散歩は結構遠いところまで行きます。ただ電車には乗らないです。乗り物に乗って間違ったら迷惑をかけますから。歩いていると、ときどき『ああ、曽根勝さん』と呼ばれるんです。たまにミカンとか栗をもらうのですが、帰っても誰にもろたのかわからんです。今はできるだけ迷惑をかけんようにしようと思っています」

曽根勝さんはすっかり忘れているが、下薗さんが曽根勝さんの地元で開いた認知症フォーラムで講演したことがあった。もちろん曽根勝さんを知っている地域の人もいた。そこで曽根勝さんは、自分が認知症であることを告白し、地域に助けられていることに感謝する言葉を口にした。それ以来、下薗さんの言葉を借りれば、地域は「安心して迷える場所」になったという。迷ったら誰かが声をかけてくれるようになったのはそれからだ。

現在、要介護2。週に三回デイサービスに通っている。要介護に認定された当初、一つ困ったことがあった。お風呂に入るときだったという。

「あの人たちが悪いんじゃないんだけども、スッポンポンになってお風呂に入ったら、スタッフが『洗いましょう』って入ってくるんです。そんなの自分で洗えるのになあ、恥

元校長先生らしさが戻ってきた曽根勝一道さんと重美さん夫婦

ずかしいなあと思って……」

セクハラも同然だが、スタッフにそういう認識がないのは、「認知症になったら何もわからなくなる」という先入観が頭のどこかにあるからだろう。もっとも、その後トレーニングマシンが置かれているデイサービスに移ってからは満足しているという。

「認知症カフェに行ったことはありますか？」と僕が尋ねた。

「人に言われて一回行きましたが、あんなとこは二度と行かん。コーヒーを飲むんやったら普通の喫茶店でええやないか」と不機嫌そうだ。

すると横で重美さんがこう説明してくれた。

「主人は目的を持って行動したいんです。

座って飲んどいてと言われると、僕は何をすればいいんですかと言うんです。コーヒーを運ぶんだったらいいんですが、お客さんで行くんだったら、別にここに来んでもええと。スタッフが多すぎて、お話ししましょうと来てくれるんですが……、気遣いが多すぎるんです」

「じゃ、どんなときだと楽しいですか？」と、あらためて曽根勝さんに尋ねた。

「やっぱり友達とか、みんなと話をしたり、一緒に山に登ったりするのが楽しい。お酒を飲むと『アルツハイマーってなんやねん！』って感じで話します」

曽根勝さんを楽しくさせているのは、病気によっていったん断ち切られた人とのつながりが復活したことだろう。人を悲しくも楽しくもさせるのは「つながり」だと思う。人はつながることで、生きていけるのだ。

「これからやりたいこと？　そうやね。僕はね、子供たちと一緒に山に行って、楽しく遊びながら、友達同士の良さというのをわかってもらえたらいいと思う」

「やっぱり校長先生ですね」

「そうですか」

この二年で、曽根勝さんが得たものは、大きな自信だった。自信は表情を変え、笑顔を取り戻させる。そして、「同じ認知症の人に光を」と言えるまでになった。

「僕は認知症という名前にこだわって、なんか、ものを言ってはいけないような、そんな気持ちになっていたんです。でも、認知症になっても、助けてもらえば何でもできるんやというのがわかりました。いっぱい楽しいこともできます。これからも、できることがあればどんどん言い、楽しく遊んだりしたいと思います」

こう結んでしまうと、なんだか認知症を受け入れて格好よく活動している曽根勝さんがヒーローのように見えるが、それほど単純ではないように思う。

おそらく講演の後だろう。北海道・帯広の屋台で酒を酌み交わしながら、曽根勝さんは「認知症、それがどうしたんだ。俺は悪いことなんて何もやってない！」と叫んでいたという。受け入れたように見えても受け入れきれないのだ。酒がそんな素の曽根勝さんをあらわにしたのだろう。

聖人ではないのだから、受け入れるのは簡単ではない。どこかで妥協するしかないのだ。というより、それこそが人間らしさだと思う。

家族と当事者の関係

このインタビューの最後に、僕は曽根勝さんにこう尋ねた。

「今、困っていることはありませんか？」

すると「薬を飲むのを忘れるくらいで、特にないですね。何もせずに家の中でじっとしとけと言われたら困りますが」と言った。困ったことはない？　僕は驚いた。

「生活で工夫していることは？」

「特に……、食器を洗ったりしますが……」

「これはしてほしくない、あるいは言ってほしくないということはありませんか？」

「ないですね……。(妻に）怒られたら嫌やけど。負けるから」

「どんな夢がありますか？」

「特に、したいということは……。人に喜んでもらえる仕事があったらしたいです」

このあたりの回答が、これまで紹介した丹野智文さんや竹内裕さんとずいぶん異なっているのは、おそらく家族と当事者との関係の違いだろう。

曽根勝さんは登山が好きだ。登山の話題になると、まったく違った表情を見せる。最近は、友達に誘われて比良山《ひらさん》や伊吹山《いぶきやま》に登っているそうだが、チョモランマに登った人がそれで満足しているとは思えない。きっと登りたい山があるはずだと思ったのだが、曽根勝さんの口からついに出てこなかった。

これまで曽根勝さんの口から何度も飛び出したのが「迷惑をかけたくない」という言葉だった。生真面目で実直で、人に迷惑をかけたくない。そんな曽根勝さんの生き方が透けて見える。

後日、僕は第二章で紹介した広島の竹内裕さんに頼んで大阪に来てもらった。竹内さんと曽根勝さんは同じ認知症というピア（仲間）だから体験や感情を共有しやすい。それなら僕が尋ねるよりも、竹内さんが尋ねたほうが曽根勝さんもしゃべりやすいだろうと考えたのだ。

竹内　山登りするんじゃってね。どこの山によう登りおったん？
曽根勝　いろんなとこに行きましたね。ヒマラヤは最後まで（頂上に）登れなかったけど……。
竹内　今でも山登り行きたいと思う？
曽根勝　そうですね。山登りは行きたい。友達が誘ってくれたらまず断らんです。アルツハイマーになったんじゃと言ったけど、今でも誘ってくれます。
竹内　今でも月に一回は行く？
曽根勝　今はそんな回数は多くないです。
竹内　国内だったら近くの山に登ったりするんと違うん？

曽根勝　行こうかと言われたら、一緒に行かせてもらいます。
竹内　最近どこに登ったか覚えてる？
曽根勝　すぐ忘れるから覚えていないですね。
竹内　山以外、したいこと、ある？
曽根勝　自分から行きたいとはよう言わんのやけど、友達が誘ってくれたら……。
竹内　そんなのだめやで。もっと言うたほうがええよ。家におるとき、どんなんが辛い？
曽根勝　辛いことってないですね。
竹内　エエェッ！　ほんま。
曽根勝　妻に怒られたときぐらいかな、まあ……
竹内　俺が辛かったのは、一年半ぐらい引きこもって、毎日することがなかったことよ。
曽根勝　僕は、お医者さんから、アルツハイマーと言われたときはすごい落ち込みました。アルツハイマーという病気自体がわからないから、妻に暴力を振るうんじゃないかと思って……。でも、お医者さんから、そんなことせんよと言われてから、割と冷静になれました。近所の人とか友達とかにも、アルツハイマーという病気です、迷惑をおかけするかもしれませんけど、と言うたら、やさしくしてくれます。
竹内　すごいねぇ。自分からすぐに言えたん？
曽根勝　そうですね。さらっと言えたんですよ。
竹内　曽根勝さん、働きたいという気持ちは？
曽根勝　働きたいというより、地域の人とか、いろんな人と話をしたり、聞いてくれたり、僕に相談してくれたり、それが楽しいです。
竹内　曽根勝さんは友達がおるわ、ええ奥さんおるわ、近所の人から相談されるわ、いいことばっかりや。
曽根勝　本当に周りの人がやさしいです。

三十分ほどだったが、曽根勝さんはよくしゃべった。迎えに来た重美さんが「こんなに笑う主人を見たのは初めてです」と驚いたほどだ。でも相変わらず夢を語らなかったし、今の生活で苦しいことはないと言う。それほど満たされた生活をしているのかもしれないと思う一方で、迷惑をかけることを人一倍嫌う曽根勝さんの、これが精一杯の発言かもしれないと思った。
この後、僕たちは冒頭に紹介した立ち呑み処「こばやし」に移動する。「こばやし」のことになると、曽根勝さんは「そんなによう飲まんのですけど、好きなんです」と笑顔がはじける。そこでは思いっきり人と触れ合い、酔って語って、歌う。曽根勝さんにとって最も楽しいひとときだろう。認知症の人は、今を生きている。過去はない。今この瞬間だけがすべてなのだ。

でも、過去を覚えていることもある。会った人を忘れても、会った人のやさしさや楽しかった記憶は残る。曽根勝さんにとってその一つが「こばやし」なのだろうか。

帰り支度をする曽根勝さんに、僕は尋ねた。

「チョモランマに登るには何人ぐらいの仲間が必要ですか？」

「最低でも十人ですね」

「もしその十人が、一年かけて準備するから一緒にヒマラヤに行こうぜと言ったら、どうしますか？」

曽根勝さんの目がいきなり輝いた。

「そりゃあ、もう……わはははッ」

5 睡眠行動障害と幻視を乗り越えて

レビー小体型認知症

最初にお断りしておきたいが、この章で登場していただく平《たいら》みきさん（58）は本名ではない。この名前で講演活動もしているから、いわばペンネームである。さらに顔写真も掲載しない。本名も顔写真も出さないならヤラセかもしれないじゃないか、と疑う方がいるかもしれない。実際に平さんは、あるテレビ局のスタッフからそう言われたことがある。それに対して平さんはこう反論する。

「私は親戚の年寄りに、私が認知症だとは言ってません。年寄りは、若い私が認知症だと知ったらものすごく心配します。それに田舎で認知症とわかれば、宗教の勧誘とかリフォームの業者が押し寄せます。年寄りにわざわざ心配かける必要はないし、主人や息子に迷惑もかけたくありません。テレビ局の人に言いたいんです。それはあなたの仕事の都合でしょ？　ペンネームを使おうが、私は私で変わらない。私はあなたのために生きているんじゃない、って」

僕はそれを聞いて、平さんがこの本の例外になることを一も二もなく承諾した。実名で語る認知症の人があらわれたといってもここ数年のことである。それも現時点ではまだ一ケタにすぎない。地域によってはいまだに偏見が強く、場合によっては肩身の狭い思いをしなければならない。

実際、認知症になった途端、親戚縁者が訪ねて来なくなった方もいる。認知症になると何もわからなくなると信じているから、訪ねても無駄だろうと思ったのだろう。また、あからさまに「お前のところとは付き合わないから」と言われた方もいたそうだ。

今実名で語っている方たちは、それだけのリスクを背負っているということである。同じリスクを平さんにも背負ってほしいなんてとても僕は言えない。「認知症の人と共に生きる社会」といっても、まだ始まったばかりであり、誤解と偏見で塗り固められた認知症観は今もこの世に横溢《おういつ》している。そのことを知ってもらうためにも、あえて平さんに登場していただいた。

さて、これまで登場した四人はアルツハイマー型だが、平さんはレビー小体型認知症である。アルツハイマー型の場合は記憶に障がいがあらわれるケースが多いが、レビー小体型は幻視や睡眠行動障害としてあらわれることが多い。それがどれだけ大変かというと、記憶障害ならスマホやノートなどのサポートツールを使って補うこともできるが、幻視や睡眠行動障害は、薬で抑えられなければサポートツールはない。つまり、それだけ日常生活は困難になるということだ。

平さんは関東平野の北側、茨城県のある地方都市に住んでいる。平さんとは駅前の喫茶店かレストランで会うつもりだったが、「ここは田舎で何もなくて」と、自宅で会うことになった。実際は大型ショッピングセンターやファミリーレストランが林立する典型的な地方都市で、田舎どころか結構な賑わいの町だった。

自宅を訪ねると、僕は応接室に通された。部屋の第一印象は実にシンプルなことだ。壁に小さな絵が掛かっているだけで、部屋を飾るようなものはほとんどない。幹線道路から離れているので、雑音のたぐいもほとんど耳に入らない。インタビューの場所としては申し分ないが、平さんが町の喫茶店やファミリーレストランではなく、あえてこの部屋を指定したのには理由があったと僕が知るのはのちのことである。

病名がわかってほっとした

平さんがレビー小体型と診断されたのが二〇一一年。五十二歳のときだったが、異変はその二年ほど前から始まっていた。気力がなくなり、買い物も三十分が限界になった。同時に数字が理解できなくなり、漢字も書けなくなった。

当時はパートでレジの仕事をしていたが、もともと数字には強く、見た瞬間に数字を覚えることもできたのに、どういうわけか理解できなくなった。数字の一と十の違いがわからなくなったという。はて、一と十の違いがわからないとはどういうことなのだろう。

「数字の量がわからないんです。一はボールが一個、十はボールが十個、それがわからないのです。百円も千円もわからないから、高いか安いかもわからない。だから数字が三つ並んでいたら千円札を出すとか、ややこしい時はカードで支払うようにしました。家計簿をつけたり計算問題を解いたりしてだんだん数字の大小がわかってきましたが、それまで二年近くかかりました」

それだけではなかった。〝レム睡眠行動障害〟が突然あらわれたのだ。これは、夢の中の行動がそのまま身体に反映されて異常行動をとってしまう障がいで、脳が覚醒しているのでいわゆる「寝ぼけ」とは違う。

「カーテンを開けたりテレビをつけたりする夢を見たら、実際に体がそうしているんです。かゆい夢を見たら、かゆみ止めを持ってきてつけたりします。今でもいろんな物を引っ張り出してきますが、なんで出したのか、目が覚めても記憶がないんです。意識がないのに体を動かしているからめちゃくちゃ疲れます。私の場合は薬を飲んでも改善しませんでした」

さらにレム睡眠行動障害と同時に幻視もあらわれた。

「夜中に目が覚めると、亡くなった両親やおばあちゃんが座っていたり、カーテンのところに男の人が七、八人立っていたり、そういうことがよくありました。ただ私の場合は夜が多く、それもうっすら透き通ったスケルトンで白黒写真みたいでしたから、現実と違うんだとすぐにわかりました。私の父親もパーキンソン病で幻視がありましたから、私もとうとう父親と同じ病気になったかという感じで、恐怖心はなかったですね。

昼間はちょっと変わっていて、鹿が道路を渡っていたりするので、ここは奈良じゃないぞと思いながら見てました。ただ昼はそんなにリアルじゃなくて、せいぜい黒い物が動いたりする程度で、むしろ音が多かったですね。二階で誰かが歩いているとか階段を降りてくるとか、人の足音のほかは誰かがいる気配です」

ちなみにレビー小体型とパーキンソン病は、原因物質であるレビー小体の蓄積場所が違うだけで、兄弟のような病気だから、あらわれる症状もよく似ている。

平さんにあらわれた症状はいずれもレビー小体型認知症の典型的なものだが、当時はメンタルクリニックを受診しても一向に良くならなかった。さすがにご主人もおかしいと思ったのだろう。ネットで調べた結果、「レビー小体型ではないか」ということで、その専門医でもあった地元の大学のM教授に電話をした。そこでようやく診断が確定する。

「普通は認知症と診断されたら、自分の人生はこれで終わったと落ち込みます。そういう衝撃はなかったんですか？」

「ショックはショックでしたが、逆に病名がついたことでほっとした部分がありました。むしろ診断前のほうが辛かったですね。二年半、うつでいましたから……。

私は一般の人とズレているのか、認知症になったら五年でだめになると聞いていたので、五年なんてすぐなんだから、今を楽しんじゃおう。旅行もしたいし美味しいものも食べたい。それなら今やれるうちにやろうと、逆に考えたんです」

鷹揚《おうよう》なのか前向きなのか、認知症の人からこんな陽気な発言を聞いたのは初めてだ。

「レビーの場合は薬に対する反応が敏感だと言われますが？」と僕が尋ねると、平さんは大きくうなずいた。

「本当にそうです。レビー小体は、人によって薬（アリセプト）の副作用が全く違います。

この人が出たから別の人にも出るとは限らないんです。だから、一錠というより、四分の一とか二分の一の感覚で始めないとだめです。私も微量から始めました。レビー小体に関しては、絶対に専門医に診てもらうべきです。アルツハイマー型と違って、レビー小体型の人は比較的自分の症状をきちんと言える人が多いんです。だから、レビー小体型のことを分かっている先生で、何でも相談できる先生、こちらの言うことをきちんと聞いてくれて微調整してくれる先生がベストです。逆に『レビーだから、そういう症状は仕方がないよ』という先生はやめたほうがいい」

平さんは、M教授に出会ったことはラッキーだったという。

「普通は診断されるだけというのが多いでしょ？　でも先生は私の悩みをすごく聞いてくれたんです。『経済面から考えたら大変なんだよね。まず解決できるものから解決していこう。自立支援とか障害者手帳とか、全部手続きしたら一割負担になるから』って言ってくれたんです。M先生との出会いはすごく大きかったと思う」

結局、認知症と診断されて、平さんは仕事を辞める。ただし、辞める理由は認知症ではなく一身上の都合だった。

「認知症のことは、会社には言わないで辞めました。お客さんもいっぱいいたので辞めたくなかったんです。上の人からも、辞めないでくれと言われました。私はちゃらんぽらんなところもありますが、仕事には厳しいんです。勝手に自分のハードルを上げていくタイプで、仕事ができなくなっていく自分を許せなかったんです」

「でも同僚は認知症に気付いたでしょう?」

「それがね、私はこのキャラでしょ? 『大御所に怒られたから頭がパニック、みんな助けて』とか、『ごめん、また間違えちゃった。SOSだよ』とか言うと、それは大変だって助けてくれるからそんなに困らないの。みんな忙しくても、『今日は頭の回転が遅いみたいだからお願い』が通用するタイプだったんです」

そう言いながら平さんは声をあげて笑った。憎めない性格というか、周囲がつい手を差し伸べたくなる雰囲気は、話を聞いているだけでよく伝わってくる。

「やりたいことやっちゃえ」

認知症と診断され、仕事を辞めた平さんは、これからどうしていいかわからず、地元の地域包括支援センターに連絡した。ところが六十五歳以下はだめだと断られる。「病気を持っているんだから若くてもいいのに」と思ったが、地域包括支援センターはあくまで高齢者が対象であって、今も〈おおむね六十五歳以上の方とその家族〉となっているのだ。

そこで保健センターに行ったところ、「認知症の人と家族の会」(「家族の会」)に連絡してくれた。そのとき電話口に出たのが、のちに平さんの活動を支える認知症パートナー（サポーター）となる人だった。

「それまで私は、認知症の人はしゃべってはいけないと思っていました。『家族の会』に行っても、みんな介護する家族ばかりで、認知症本人がしゃべる雰囲気もないし、言ったところで何になるんだと思っていました。それを、本人もしゃべっていいんだと教えてくれたのです。

初めて参加したときですが、『怒られたらどうなるの？』と訊かれたので、『頭が真っ白になって余計ひどくなる。パニックになっちゃう』と言いました。するとみなさんが『そうなんだ』と納得してくれたんです。本人が悩みや状況をしゃべることで、逆に家族は、目から鱗が落ちるように、悩んでいた原因がわかってくるんです」

「怒られる」というのは、なにもヒステリックに怒鳴られるだけではない。たとえば「また忘れたの？」と指摘するのも当事者には「怒られる」ことなのだと平さんは言った。

「怒ってないよ、指摘してるだけだよと言いますが、語尾が強かったら怒ってるんです。指摘される＝怒られるで、これはどの認知症にも共通です。でも、うちの息子に『その話を聞いたのは三回目だよ』と言われて、私が『まだ三回目ですか』と言える関係だと、怒られてるにならないんです」

ちなみに「認知症の人と家族の会」といっても、数年前なら当事者が参加することは極めてまれで、集まるのはほとんど介護家族だったはずだ。家族が集まると、症状がひどくなって介護に苦労する話になる。当事者なら、それを聞いただけで将来を悲観して足が遠のくのに、平さんは、「やっぱり、ひどくならないうちにやりたいことやっちゃえ。それには心も体も健康でなくっちゃ」と思い直したという。

「家族の会」に通うようになって一年もたたない頃、平さんはパートナーから「自分の体験を原稿に書いてきてほしい」と頼まれた。指定の場所にその原稿を持参すると、いきなり医師や看護師がいる前で発表させられた。平さんのような当事者があらわれるのを待っていたのだろう。こうして平さんは、世間に向かって自分の病気を公表するかどうか迷うよりも先に、講演活動が始まったのである。

最近も厚生労働省に呼ばれ、医師や行政の関係者、高齢者施設のトップなどが集まった委員会でしゃべったそうだ。「どんな委員会ですか?」と僕が尋ねると、「タイトルが長すぎて、覚えきれんわ」と笑う。

「誰かのためにやれば、いつか誰かが返してくれると言うじゃないですか。私がまだしゃべれるなら、今のうちに認知症の人の辛さをみんなに知ってもらいたい……、そんなノリで引き受けたんです。それに、原稿を書いていると、子供に自分の気持ちをさりげなく伝えられるんですね。

認知症になってから嬉しかったのは、就職して都内の寮にいた一人息子が、『お父さんだけではお母さんの面倒を見られない。三十代なら厳しいけど二十代なら転職できる』と言って、近くに転職して一緒に住んでくれたことです。今では朝起きると、出勤時間まで食事の用意と洗い物をしてくれます。

書いた原稿は、この息子にパソコンで打ち直してもらっているんです。言葉で説明しづらいことでも、その原稿を読めば、私がどういうことで悩んでいるか、黙っていても伝わります。それを読んだ息子は、何かあれば主人と話し合ってくれるから、今は主人も応援してくれるんです。みなさんもやるべきだと思いますよ」

もう一つの世界

幻視はレビー小体型によくある症状だが、平さんは「レビー小体型の人って世界が二つあったりするんです」と、驚くようなことをさらっと言った。

世界が二つってなんだ？

「私の場合は夢の中にもう一つの自分の世界があるんです。ちょっと理解しにくいと思いますが、人によっては、たとえばこの家の中にもう一つの世界があったりします。私は夢の中の世界だからまだいいんですが、もう一つの世界に家があると言ったり、もう一つの世界へ行くんだと言ったりする人もいます」

「夢ではなく、リアルな世界の中にもう一つの世界があるということですか？」

「そうらしいです。うたた寝しているときに夢を見るのかもしれないし、あるいは想像の中に出てくるのかもしれません。私にはわからないです」

「もう一つの世界は夢の中なら夢だとわかりますよね」

「そうなんですが、時々混乱して、この世界のことと区別が付かなくなることがあるんです。『あれ、こんなことがあったっけ？』ってビクビクしながら確認してることもあります。その境目がわからないことが時々起こるんです」

「夢の中でも現実世界と同じようなことが起こるのですね？」

「そう。夢の中もこちらと同じ世界なんです。普通に生活している世界で、色もあるし空気感もあるし、風も何もかもあるわけです。町並みもこちらと同じで、デパートもあるしバス路線もある。現実の世界と全部一緒なんです」

「登場人物も同じですか？」

「知り合いはみんな一緒です。ただ、店員さんとか通行人とか脇役の人は違いますが、主役は一緒なんです。年齢もこちらと同じで、普通に会話し、普通に生活を送っています。たまに主人が出てきて会話になったりすると、現実の世界と混乱して噛み合わないこともあるんです。他の人が出てくるときはいいんですが、主人や息子が出ると、現実の世界に戻ったときに悩みますね」

「夢を見るときは、たいていそういう夢ですか？」

「そうです」

「ところで、夢の中の世界でもやっぱり認知症ですか？」

「そうなの、認知症なんです（笑）。最近は物忘れがひどくて怒られるとか、困ることの夢が多くなっています。毎日疲れているんですよ」

僕が、「丹野さんは、夢の中で働きすぎて疲れたときは、起きて休むそうですよ」と言うと、平さんは「その気持ち、わかる」としみじみ言った。でも僕にはなかなか想像ができなかった。

昨日も一週間前も同じ過去

レビー小体型認知症と診断されてから七年余り。今、何ができて何ができないのか、僕は平さんに尋ねた。こうして話をしているかぎり、平さんはごく普通の主婦に見える。でも、レム睡眠行動障害や幻視を抱えながら、普通の日常生活を送るのは並大抵ではないはずだ。ところが、尋ねた僕のほうが拍子抜けするほど陽気な口調で言う。

「時間がわからないんです」

「え、時間?」

「私にとって昨日も一週間前も同じ過去なの。過去だということはわかるんですが、どれぐらい前なのかがわからないの。茹で卵を作るのに、普通なら八分ぐらい茹でればいいというのは感覚でわかりますが、それがわからないから、タイマーがないと茹でられないのよ」

平さんの場合は記憶障害がない。もっとも「三つに一つは忘れる」そうだが、メモ用紙や日記帳などを使って補えば日常生活には支障がないという。つまり、日常の出来事は覚えているのに、竹内さんと同じでこの記憶を時系列に並べられないのだ。

「時間の感覚がないとすれば、食事を作るのも難しいのではないですか?」

「調子がいいときは作れます。ただし晩ご飯だけです。朝ご飯は作れません。息子がご飯を作ってくれてから起きてくるのですが、起きるだけで精一杯なんです。息子が出勤するまでに起きたいと思うのに、それさえできないほどレム睡眠行動障害がひどいの。体にぶつぶつができるほどです。

晩ご飯は一品ずつ、時間をかければ作れます。ただし二つのことを同時にやると、片方は必ず失敗します。焼くなら焼くだけに集中する。体調がいい日は、午前中に買い物をし、午後は洗濯物を畳み終わったら下ごしらえをします。事前にレシピを書いて練習しますが、それでも気分が悪くなれば、息子に『母危篤』ってメールするんです。すると残業しないでまっすぐ帰って来てくれます」

「ええ、それってまずいんじゃないですか？」

「あははは、そのうち本当の危篤のときに帰って来てくれないかもね。まあ、それはそれで私の人生だから……」

「独りで買い物はできるんですか？」

「以前は買い物も三十分が限界でした。数字が理解できなかったこともありますが、人ごみがあり騒音があり、いろんな商品が並ぶ中から選ぶというのは大変な作業なんです。子供なんかが泣いていたら『黙れ！』と心の中で叫びます。お母さんが怒っていたら『あんたがうるさいんだよ！』と思います。声に出したら大変です。

また困るのは、向こうから歩いてくる人とすれ違えないことです。普通の人は無意識に避けられますが、私は相手と同じ方向に動くのでうまく避けられないの。ぶつかってしまう気がするので、人が近づくたびに立ち止まり、向こうが避けてくれるのを待つんです。

東京に行くときは、パートナーの後を歩くようにしていました。そうしないと、足がすくんじゃって歩けないんです。だから時間がかかるし、ものすごく疲れます」

「すると電車に乗って移動するのは難しいですね」

「最初はひどかったですね。パートナーに抱えられながら電車に乗るのですが、他の人から『大丈夫ですか』と声をかけられるくらい顔面蒼白《そうはく》でフラフラでした。まず、人がいっぱいいる中に入っていけないんです。最近ですが、時間をゆっくりかけて、独りで品川や有楽町に行ったこともあります。ヘルプカードを使うこともできるようになりました。でも、すごく疲れましたね」

「騒音は大丈夫ですか?」

「疲れます。とくに高い音は苦手です。泣きわめく子供をお母さんが叱っているのを見るとドキッとしますね。今回は喫茶店でというお話でしたが、喫茶店だと誰がいるかわからないじゃないですか。そうすると落ち着かないので、自宅にさせていただいたんです」

工夫すればできることはあっても、疲れるとやはり無理のようで、こんなこともあったという。

「デイケアで体操をしていたのですが、もう終わっているのに、体だけが動いているんです。スイッチが切れるように脳が寝てしまうんですね。『終わってるよ』と言われてはっと気がつくことがあります。そういうときは、ちょっとでも寝れば楽になりますね」

前述の丹野さんのように、脳が疲れると肉体がぐったりするのではなく、平さんの場合は意識が飛んでしまうようだ。

ちなみにデイケアとデイサービスはなんとなく似ているが、デイサービスは介護保険サービスの「通所介護」と呼ばれているもので、日中の一定時間施設に通い、食事、入浴、機能訓練といったサービスが受けられる。デイケアは介護保険サービスの「通所リハビリテーション」で、機能の回復に重点を置いたサービスのことである。

「以前は計算ができなく、言葉も出づらかったのですが、最近はずいぶんよくなりました。でも、やっぱり疲れるとだめですね。レビー小体型の人は図形が描けないのですが、私はまだ描けます。ただ文字が形にならないこともあります。書こうとしても、変な形になって書けないんです。最近はひらがなも出てこないこともありました。『困るでしょ？』と言われるのですが、困る以前に恥ずかしいですよ。それ以外にもカタカナが書けないとか、早口で言われると理解できないとか、できないことはいっぱいあります」

「でも結構早口でしゃべっていますが？」

「自分はいいの（笑）」

できないことはいっぱいある。でも平さんは、普段の生活でそんなことはおくびにも出さない。そのかわり裏では、たとえば、朝起きられなければ朝食作りを息子や夫に頼んだり、言葉が出なければ、何度も声に出して言ってみたりした。

「スーパーの中で『りんご』『バナナ』とか言うんです。街を歩きながらでも、発声練習みたいに小さな声で単語をしゃべったりしていました」

料理はタイマーを使って一品ずつ時間をかけて作り、洋服は多すぎて管理ができなければ、その八割を処分して自分が管理できる数に絞ったりと、症状に対してさまざまな工夫をしてきた。もちろんそこには「失敗する自分が許せない」性格もあずかっているが、それ以上にこんな思いがあるからだ。

「私は息子に、介護離職だけはさせたくないんです」

黙っていると誤解を与える

伝えたいことがいっぱいあるという。たとえば認知症当事者に対して、「本人はもっと周囲に訴えるべき」だという。そこにはこんな体験があったからだ。

「時間がないときに大事な話をされたり、出かけるときにいろいろ言われたりするとイライラします。頭にも入りません。主人にも『やめて。今から出かけるから、そこでストップ』と言ったこともあります。あまりうるさく言われたら、言葉が頭に入ってこないことをきちんと説明しました。そのとき、家族でも言葉で伝えなければわからないことに気づいたんです。家族なら、私が調子悪いとわかれば気を配ってくれます。それを黙っているからイライラするのであって、きちんと言えばお互いに楽なんです。

この前もベテラン介護職の方から、『（利用者が）朝起きてご飯を一口二口食べると、黙って何もしてくれない。私のこと嫌いなのかしら』と言われました。そうじゃないんですね。食べるにもエネルギーが必要で疲れるんです。そこを『ちょっと辛いから眠らせてね』と言えば、介護する人もわかるのに、何も言わないから『私のこと嫌いなのかしら』と誤解を与えてしまうんです。黙って耐えるのではなく、周囲にどんどん言ったほうがいいんです」

また、自らの体験を引いてこうも言う。

「トイレを嫌がる人がいるとき、『トイレに花とかいろいろ飾っていませんか？』と訊くと、たいてい『飾ってる』と言います。それがなぜ問題かというと、レビー小体型の人には、違うものに見えたりするからです。樹が人に見えたり、花が顔に見えたりするわけです。幻視までいかなくても、誰かがいるように見えたら怖いですよね。この春に桜を見に行きましたが、フェンスの下にあった石が人の生首に見えました。主人には言いましたが、もし言わなければ『なんで機嫌が悪いんだ』と思われるだけです。

アルツハイマー型の人と違って、レビー小体型の人はシンプルなほうがいいのです。だからこの部屋には飾りがあまりないでしょ？　レビー小体型はあまりモノを置かないほうがいいの。カーテンもカーペットも無地がいい。柄があると立体的に見えたりします。駅の階段についた黒いボタンのような滑り止めが、杭のように浮き出て見えることがあります。そういうときは、みんなが降りるのを見てから、手すりにつかまって一歩ずつ降ります」

それを聞いて僕は、「見えるのはそこに存在するからで、見えているのに存在しないという感覚は……」とつぶやく。「そう、自分には見えているのに、それを否定しながら歩いているんです。ものすごい葛藤です」と平さんは言葉を継いだ。

認知症と診断されて七年経って思うことは、なんといっても「当事者自身の人生は自分で決めてほしい」ということだという。

「早期発見、早期治療と言います。治療も大切ですが、早期の段階に自分の人生を自分で決めると自覚してほしいんです。自覚したときに、私は変われたと思っています。隠したって症状は進みます。それなら、ここが悪いんだという自覚を持ち、そこに何を足していけば、できないことができるようになるかを考えたほうがいい。メモを取る、スマホを持つ、そういうことを初期の段階で学べばいいのです。

自覚がなければ、奥さんはご主人の、ご主人は奥さんの指示待ちになります。そうすると、五年後には絶対にダウンしていています。デイケアを何年も見ていますが、指示待ちの人はどんどん症状が進んでいきます」

平さんは、「ともに歩む認知症の会・茨城」を立ち上げたり、オレンジカフェの委員になったりと、当事者として実践的な活動を続けてきたせいか、語る内容は具体的でわかりやすい。そこで僕は、認知症の人として生きる平さんに、これからも自分の体験を語り続ける理由をあらためて尋ねた。

「自分で食べてこそ幸せなのに、症状が進んだからといって食べさせてもらって嬉しいと思う人はいるでしょうか？　私はそういうことを言いたいんです。やってあげることだけが良いのではなく、一人の人間が生活していくことを考えてもらいたいな。家族が幸せになるためには、本人も幸せにならなければいけないんですよ。本人が楽しければ家族も楽しいし、家族が楽しければ本人も楽しいんです」

⑥「元やんちゃ」を支える女房と携帯

働ける楽しみ

九月に入ってもまだ残暑が厳しく、ようやく日が陰ったのを見計らって外に出た。井之坂友廣《ともひろ》さん（68）が、親しくしているNさんといつも散歩するコースを一緒に歩いてみたかったからだ。それに僕には目的があった。井之坂さんに冒険をさせてみたかったのだ。認知症になると、決まったコースは安心できても、そこを外れると不安になる。でも男なら、いつものコースでない未知の世界に踏み込んでみたくなるものだ。僕は井之坂さんをそそのかすつもりでいた。

そこは大阪・岸和田市の静かな高級住宅地だった。高い塀を引き回した豪邸が連なる。わずかに車が通る以外、人通りがない。とりわけ子供の声がどこからもしなかった。

「子供の声がせえへん。いつもこれや」

「寂しいもんやなあ」

僕の前で二人はつかず離れず、そんな話を何回も繰り返している。

「この道の先に池があってな。そこの亀はカメへん」「池があるさかいにその先はイケへん」「みな塀が高いな」「ヘエ」

なんておやじギャグを振りまいて二人は悦に入っていた。

「横の道を通りませんか」。三十分も歩いた頃、僕は井之坂さんに声をかけた。井之坂さんは即座に返す。

「帰られんようになったらどうすんや」

「大丈夫ですよ、ナビがありますから」

「いや、わからん。迷うやろ」

「まだ明るいから迷うことはないですよ」

「何言うてん、あと一時間もしたら陽落ちるやないか」

「でも、ちょっと冒険したいでしょ？」

「そやなあ……」

「さあ、行きましょう」

「いやいや、そんなことしたら女房に怒られるわ」

「ほら、その道を曲がれば、元来た道に出るから大丈夫です」

「いやいや、やめたほうがええなあ」

という具合で、何度誘ってもいつもの周回コースから一歩たりとも外れることなく、出発地点の建物に戻ってきた。認知症の人にとって、知らない道に足を踏み入れるのは、未開のジャングルを探検するようなものかもしれない。


井之坂さんが戻ってきた建物には「やんちゃ倶楽部」の看板が掲げられている。ここは「就労継続支援B型事業所」（就労B型）と呼ばれている障害者就労支援サービスの事業所だ。

認知症になったら介護保険というイメージがあるが、まだ体力もあって介護を受ける必要がなかったら、障害者総合支援法にもとづく障害福祉サービス（自立訓練など）を活用する方法もある。その一つが障害者就労継続支援事業である。雇用契約を結んで給料をもらう「A型」に対して、「B型」は雇用契約を結ばないから短時間労働で低賃金だが、就労が困難な障がい者には働ける楽しみと同時に、事業所が安心できる居場所にもなる。ここを運営しているのが琴《こと》真弓さん（52）だ。

ここでは百円ショップの商品の包装やビーズのアクセサリー作りから木工製品作りなどの内職、あるいは庭の草取りをしたり、小学生に竹の切り方を教えたりもする。「真っ黒になって帰って来るのに（賃金）安いんや。勘定、合えへん」と言いつつ、うれしそうだ。利用者は井之坂さんのような認知症の人だけではないが、よほど楽しいのか、ほとんどの人は定休日を除く火曜日から土曜日まで休まず来るという。

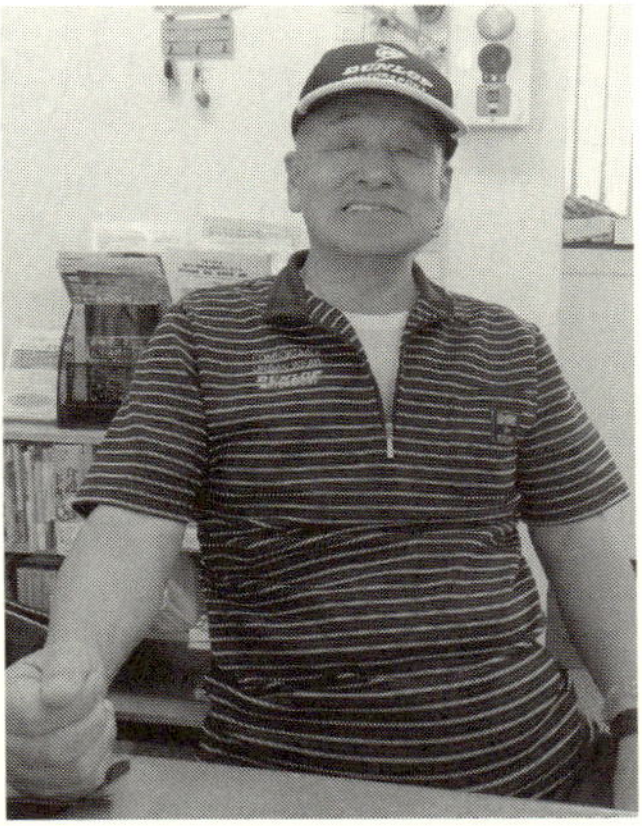

昔のやんちゃ時代が想像もつかないほど素直な井之坂さん

「やんちゃ倶楽部」が入る建物

井之坂さんはここでは「イノッチ」と呼ばれている。「ここは好きや、うれしいんや」と言うので、僕は「どこがいいんですか」と尋ねた。

「ここにおったら自由になれるんや。体を診てくれる人もおるし、血圧も測ってくれるんやから心配いらんやろ」

スタッフに医師免許を持った人がいるからだろう。


井之坂さんがアルツハイマー型認知症と診断されたのは二〇一一年頃。妻と一緒に医師から聞いたはずだが、「上の空で聞いた」ので覚えていないという。あとで妻(64)から「認知症らしい」と教えられたそうだ。認知症の知識があまりなかったことが幸いしたのか、「認知症ってなんや、そんなもんに負けてたまるか」と思ったそうだが、それでも周囲にはかなり落ち込んで見えたという。

井之坂さんの症状はかなり進行しているが、要介護はついていない。琴さんによれば「今はその必要がないから」だ。

僕はノートを差し出して「名前を書いてほしい」と言った。ペンを持ったまま「どんな字やったかな」と考え込んでいる。二週間前は書けたのに、今日は書けないようだ。頭をあげると僕に向かってこう言った。

「パッと言われてもなあ、蚊取線香やで。キンチョー」

自分の名前も、そのときの体調によって書けないこともあるが、主な症状は記憶障害だけだ。僕の名前も一時間ほど経つと忘れていた。薬の飲み忘れは、「しょっちゅうや。さっきも女房から電話かかってきて、『今どこ？　何か忘れてない？』。あいつは本気で怒るさかいなぁ」と言いつつ、それほど気にしている様子はない。

「言い返さないんですか？」

「言えへん、言えへん。そんなことしたら、どっちも離れていくよな気するやろ」

それを聞いていた周囲からいっせいに「うまいなあ！」と声があがった。照れ隠しか、井之坂さんは声をあげて笑った。

だんじりと共に

井之坂さんは、二〇一六年に同じ認知症の人たちと一緒に富士山に登った。昼頃に登って翌朝九時過ぎに下山して、富士宮市内を観光した。帰りの新幹線に乗ったときだ。こう言った。

「しんどかったなあ。俺ら、今日どこに行ってきたんや？」

娘が連れてきた幼い孫娘を、近所の公園へ遊びに連れて行ったのはいいが、忘れて帰って来たこともある。しかし覚えていることもたくさんある。たとえば今でも富士山の写真を見ると、「ここに登ったんや。しんどかったなあ」と、「しんどかった」感覚だけはしっかり記憶していた。

悲しかったこともよく覚えている。

井之坂さんは車が好きで、ずっとトヨタのクラウンに乗り続けた。ところが認知症になって運転ができず、二年前に運転免許証を返すことになった。

「帰ってきたら車がないんや。『どないしたん』て言うたら、車と一緒に免許証も返しにいったと言うんや。開いた口、塞《ふさ》がらん。ほんまにショックやったで。嫁はんに『おまえ、こんなことしてな、明日から飯食うていかれへんで。かまへんのか』て言うたら、『かまへん』て言うんや。力抜けてしもうたわ。あれは忘れられへん、ずっと頭に残っているわ」

本人の許諾なしに免許証を返納できたとは考えにくいが、井之坂さんは「嫁はんが返しにいった」と言を曲げない。おそらく妻と一緒に返したのだろうが、井之坂さんにはこの免許証の返納が、今も辛かった記憶として残っている。

しばらくの間、「退職したら赤いフェアレディに乗ろうと思てたのに……」とこぼしていたという。

それから一切車を運転したことがなく、今は「どこへ行くにも嫁はんに乗せてもらう」ことに慣れたそうである。

楽しかったことはしっかり覚えている。

認知症になるまで、井之坂さんは岸和田だんじり祭の花形だった。約四トンと、ダンプカー並みのだんじり（山車《だし》）が街路や交差点を勢いよく駆け回るが、若いときの井之坂さんはそのだんじりの屋根で踊ったり、五十代に入ってからは曳行《えいこう》責任者というだんじり祭で最高位の役員をしたりと、文字通りだんじりと一緒に育った人だった。

「だんじりの話を聞かせてください」と僕は井之坂さんに言った。

「いちばん前の屋根に乗ってたんや。屋根に乗るのは地元の人間でないと無理やわな。まあ、喧嘩してどつかれたり、いろいろあったわ」

「勢いよく曲がるときに、屋根の上の人はなんでポンポン飛び上がるんですか？　あれって怖くないですか」

「最初は怖いよ。そやけど、怖い言うたら、みんなに笑われるやないか。漫画にされるわ。あれはな、曲がるときにじっと踏ん張ったら反対側に飛ばされて危ないやんか。飛び上がって体を浮かしたら、なんも怖ないいんや」

「うれしいから飛び上がるんじゃないんですね」

「あははは、何言うてんや」

こんな具合に言葉がよどみなく溢《あふ》れる。


そんな井之坂さんが、六十代に入っていきなり認知症と言われ、仕事も辞めることになったのだ。

僕は「六十代で働けないのは辛いですよね」と言うと、井之坂さんは「そんなことはない」と言下に否定する。


「先生には認知症って聞いたけど、俺は何とも思うてない。ハンカチとかよう忘れるけど、嫁はんが助けてくれる。認知症って病気なん？　認知症になったらヘンになると思うてる人は多いやんか。俺はないんや。俺は俺の通りでいく。病気に負けてないんや。だから苦しんだことはないよ」

「認知症になったら人生は終わりと思う人が多いのに……」

「そんなことは思たことない。また一日生きられてうれしいなという感覚やな」

「やんちゃ、やったから？」と僕は尋ねる。

「そうやろな。これに負けたら俺、全部に負けてしまうと思うもん」

「認知症になって泣いたことはないんですか？」

「泣いたことない。嫁はんにも愚痴は言わん。『あんた、どっか悪いんと違うんか？』と言われたら、『うん』と言うだけや。そない言うてなかったら、この病気に負けるで」

アルツハイマー型の人は、他人には格好良く取り繕うことがよくある。そうかもしれないと思いつつ、僕はとりあえず言葉通りに受け止めることにした。

「もう夕方や、えらいこっちゃ」

認知症になってから「やんちゃ倶楽部」にやって来るまでの経緯を井之坂さんに訊いたが、過去の記憶に関しては時系列が入り乱れていて要領を得ない。そこで琴さんの助けを借りながら語ってもらった。

井之坂さんと琴さんの出会いは古く、井之坂さんが若いころ町内のソフトボールチームで選手をしていたとき、琴さんはそこでマネージャー兼練習相手をしていたという。その後はだんじり祭で会う程度だったが、七、八年前に祭に参加していないことがわかった。三度の飯よりも好きな祭に顔を出さないのはおかしいと思い、電話で井之坂さんを誘い出した。当時の琴さんは介護職をしていたから、仕事柄、なんとなく認知症に気付いたが、井之坂さんはあくまで「足が痛いから祭に行けへんのや」と言い張った。琴さんは

「何か言えない理由があるんだろう」と思ったが、あえて尋ねなかった。

井之坂さんは長く建設会社の現場監督をしていたが、認知症と診断される前に系列会社で運送の仕事についていた。東京の築地まで魚を運んでいたが、ときどき道に迷うようになり、仕事を辞めることになった。二〇一二年頃のことである。

働いていた頃の井之坂さんは、絵に描いたような〝やんちゃ〟だった。今でもサングラスをかけて、クラウンの運転席にでも座ったらそれなりの凄みを感じる。

「毎日酔っぱらって帰ってきたな。怒られないか？　そりゃ嫁はんは怒るわな。朝帰りやで。文句言うに決まってるやろ。そやけど『何ぬかしてんじゃ、俺は自分で仕事して飯食ってんじゃ』でしまいや。次の日きたら、また嫁はんほって飲みに行ってたわ」

「奥さんを泣かしたんですか？」

「そや。そやけど怒ったら怖いよ」

「子供の運動会にも行ったことがないでしょ？」

「あるかい、そんなもん。行ったことないわ」

「自慢せんほうがいいですよ」

「ほなら、訊かんといてくれ。せっかく忘れてんのに……」

「家では偉そうにしてたんでしょうね」

「そうやな。飯、風呂、ビール、あとは『テレビかけといて』でしまいや。嫁はんの買い物？　そんなもん、ついて行くかいな。なんで俺がせなあかんのや。まあ、わがまま、気まま、座ったままや。けど、だいぶ苦労かけたなあ」

退職したあと、出かけようとすると「行かんでええ、もう仕事せんでええんよ」と家族から言われた。何とも言えないほど辛かった。言われたことがではなく、まだ元気なのに家にいなければならない自分が腹立たしかったのだ。

「ああ、情けない……」

だんじりのようなごつい体をした男が泣いた。

仕事を辞めて家にいてもやることがない。そんな井之坂さんを気遣ったのか、家族から「卵が安いから買《こ》うてきて」と言われたときも涙がこぼれそうになったという。用事を言いつけられたことがではなく、肩で風を切って歩いていた人間が、買い物の手伝いをする立場になったことへの腹立たしさだろう。

四、五年前のある日、琴さんの携帯に井之坂さんが電話をかけてきた。

「独りで家におったら、息つまって死にそうや。どっかに連れ出してくれへんか」

井之坂さんには息子二人と娘が一人いて、長男家族と同居しているが、孫も大きいから日中は誰も家にいない。だから独りっきりで留守番をしていた。「うちのやつは家におりよと言うけど、仕事もせんのやから、（精神的に）詰まってしんどなってくるわ」と井之坂さん。かといって琴さんにできるのは、電話口でこぼす話を聞くだけだった。当時、琴さんが働いていたデイサービスの施設に電話をかけてきたり、自転車で遊びに来ることもあったが、そんなときの口癖は「なんか仕事あるか？」だった。

そのうち近所の公園でグラウンドゴルフをしているグループがあることを知り、午前中はそこで時間を潰した。ゴルフが趣味だった井之坂さんにとって、グラウンドゴルフでは物足りなかったが、独りで留守番するよりは良かった。

午後は父親の墓を見に行った。父親は「厳しい人やった」そうだが、「すごい人やった」と尊敬しているという。そんな父親を思い出したのか、「なんとなく、行こうかなという気持ちになったんや」と言うが、まるで通勤するように自転車で毎日通った。それも山の麓にある墓だから、汗だくになりながら自転車をこいだ。「たまに親父と話をして帰ってきた」と言う。認知症になった不安と辛さを、亡くなった父親に相談していたのかもしれない。

ところがある日、「どこにでも行けるんや。ちょっとあいつのとこに寄ってみよか」と、帰りにいつものコースを外れたら、「知らん景色ばっかりでわかれへん」ようになった。つまり、迷って帰れなくなったのである。

そんなときは琴さんに電話で助けを求めることもあった。琴さんは、「周りになんて書いてある?」と尋ね、場所が特定できれば、そこを動かないように指示して迎えに行った。

うろうろしていると、逆に息子から電話がかかってくることもあったと井之坂さんは言う。

「はよ帰ってこいって怒ってんや。『もうちょっとで家や』て言うたら『嘘言うな、まだ○○町やろ』って。長男が望遠鏡で見てるんやな。もうバレバレやねん」

井之坂さんが持っている携帯はガラケーだが、GPSがついていて、帰りが遅いときは家族が調べて電話をかけてくる。井之坂さんはGPSのことをすっかり忘れて、望遠鏡で見られていると思っているのだ。

出かけた先で道に迷うほど怖いことはない。とくに暗くなるのに独りとなれば、井之坂さんの恐怖心はマックスになった。だから陽が落ち始めると落ち着かなくなる。このインタビュー中も、薄暗くなると、「もう夕方や、えらいこっちゃ」とそわそわし始めた。普段でも「やんちゃ倶楽部」から帰ると、晩酌しながら食事をして、六時半には寝ているという。ところが、なぜか朝は気にならないそうで、夜明け前の薄暗い中を平気で散歩しているそうである。

今は迷ったら誰かに電話をするか、電話しても繋がらなければ、「ウロウロせんと、その場を動くな」と妻に言われているそうだが、それでも安心できない。「昔はそんなことなかったのに、情けないわ」と井之坂さんは独りごちた。

居場所があればこそ

三年前の夏、琴さんは、井之坂さんら認知症の人たちとソフトボールをやったり、一緒に出かけたりしていたのを、定期的に木曜日に集まることにした。そこで、このグループに「やんちゃ倶楽部」という名前をつけた。そして、認知症の人でも働ける居場所にしようと、就労B型を申請したという。

「井之坂さんは、私を助けなあかんから来てるんです。新しい人が入ってきたら、俺が面倒見らなあかん、風紀を乱す人がいたら俺が言わなあかんと思うてるようです」と琴さんが言うと、井之坂さんも「当たり前やろ」と返す。琴さんから力を貸してくれと頼まれたからここにいると思っているのだ。僕が「まるで飯場の監督ですね」と言うと、井之坂さんは腹をかかえて笑った。

昔とった杵柄《きねづか》ではないが、ソフトボールになると体が覚えているそうだ。普段から練習を欠かさず、今もサードで四番、長嶋茂雄と同じである。富士宮市で毎年三月に行われている全日本認知症ソフトボール大会（通称Dシリーズ）にはもちろん出場しているが、初出場の二回目（二〇一五年）と三回目は優勝している。認知症のソフトボールでは最強のチームなのである。

井之坂さんは鮮やかなブルーの携帯を取り出してテーブルの上に置いた。すると隣から「おっ、新しい携帯やんか」と声が飛ぶ。何があったのか、最近、携帯を壊したらしく、ずっとイライラしていたそうだ。

「どうして携帯を壊したんですか？」

「忘れた」

「携帯がないと落ち着かないですか？」

「そうや。何してええのかわからんようになってしまう。電話かけられへんし、どうしたらええかわからへんし、ほんまに難儀したわ。電池切れただけでもイライラするんや。あのときは表に出るのも嫌やった。ほんまに携帯ないとあかん」

「携帯がなかったら生きていかれへん」と言うほど、井之坂さんにとって携帯電話はなくてはならないツールだ。そんなツールを家に忘れて出かけるはずがないから、家族にすればGPSで簡単に井之坂さんの所在を突き止められる。井之坂さんにしても、たとえどこで迷っても、携帯さえあれば必ず家に帰れるという安心感につながっている。

「昨日、これ買《こ》うてもろたんや。嬉してな（笑）。電話なくなったら、どんだけ寂しいか。相手に電話かけることもでけへん。そやから、ごっつい寂しかったでえ。それで昨日な、嫁はんにすまんけど買うてや、て言うたんや。夕方、車に乗せてもろうて、買いに行ったん」

ごっつい顔の井之坂さんが子供のような笑顔になる。

「奥さんの写真、入ってんちゃう？」

誰かがからかうように言う。

「入ってないわ。何言うてんねや」

「ほんまかなあ」

「あ！　入ってたわ。忘れてたんや。ハハハハ」

照れ隠しするように笑いながら、みんなに写真を見せて回る。神社らしい境内での妻とのツーショットである。

かつては「嫁はんがなんぼのもんじゃ」とか「嫁はんなんてなんぼでも替えはある」などとツッパっていた男が、今やすっかり牙がなくなって猫よりもおとなしくなっている。

「井之坂さんて、嫁さんと携帯がなかったら生きていかれへんさかいな」

そう言われて反論するわけでもなく、素直に「そら、正しいわ」とうなずいている。

「内心は奥さんを拝んでるでしょ？」

「そやな」と照れもなく言う。「今は嫁はんにもたれて生きてるわ。安心してられるのも、あいつがしっかりしてるさかいと違うか」。

これまで妻の買い物に付き合うことなどなかったのに、最近は一緒に出かけるそうである。

僕は「世話になってるから？」と尋ねた。

「そうやろな。今までやったら、『なんで俺がせなあかんのや。お前が行ったらえんや。好きなもん買うてこい』て言うたのに、今はついて行くけどな。そやから嫁はんも機嫌えわ。魚を持たされるのはちょっと恥ずかしけど……」

「一人で買い物に行けますか？」

「行けるよ。これ買うてきてくれ、て言われたら行くよ」

「難波《なんば》（岸和田から急行電車で約三十分）でも？」

「そんなとこまで行ったらあかん。無理やで。ガチャガチャしてるとこは行かれへん。行こかなと思うけど、そんな勇気はないわ。俺の行けるのは近所ぐらいや」

ケガをした後の変化

「昔は家に帰らないときもあったんでしょ？」

「そうや、悪かったもん。家におれへんかったもんな。嫁はんはよう我慢したなと思う。苦労かけて悪いことしたと思てる。そやから嫁はんにはよう言わんのや。

ここに来て思うたんやけどな、あいつが動けへんようになったら、どないもでけへん。俺は何もようせんしな。それがあるさかいに、嫁はんだけは大事にせなあかんと思うたよ。気分が悪いときもあるけど、あれがいなかったら俺はアウトや。やっぱり嫁はんの力はすごいわ。口に出せへんけどな」

「顔に似合わず優しいですね」

「昔やったら何でもかんでも突っかかってたけど、今はようせん」

「病気になったから？」

「そうや。あれも口では言うけど、心配性なんや。それに俺は気ままで、言うこと聞けへんかったら怒るやろ。神経だいぶ使《つこ》うてると思うわ。そやから（認知症以外の）他のところで心配かけたくないんや。それにな、あいつにご飯作らしたらうまいしな。ほんまに上手に作るんやで」

「それ、奥さんに言いました？」

「言えへん、言えへん。そんなこと言うかい。女はすぐ調子に乗ってくるさかいあかんのや。ビシッといわし（やっつける意）とかなあかんのや」

「ビシッといわされてるのと違うの？」

「あっ、そうかもしれんな（笑）」

ずいぶんと素直になったものである。今の井之坂さんから、肩をいからして歩いていた時代のことは想像もつかない。なにしろ「いちばん大事なものは？」と訊くと、間髪入れずに「嫁はんや」と返すほどである。


妻を気遣うようになったのは、どうも最近のことらしい。

二〇一六年十月のことだった。墓参りの帰りであろうか。自転車に乗ったまま脇道にそれて、二十キロほど離れた関西国際空港の南にある泉南《せんなん》市のほうまで行ってしまった。そこでバランスを崩したのか、足を切って何針か縫ったという。

「崖の上から落ちたんや。それをうちの息子が見てたらしい。帰ったら長男にえらい怒られてな。ケガ？　足は打った（打撲）だけで、骨は折ってないよ。手の小指が曲がったままで、元に戻らへんけどな」

もちろん妻には相当絞られたそうである。それまで家に帰れないことがあってもケガをしたのは初めてだった。この事故があってから、井之坂さんは家族から自転車に乗ることを禁じられた。井之坂さんも相当こたえたのだろう、それ以来、自分から自転車に乗りたいとは言わなくなった。

それまで週に一回通っていた「やんちゃ倶楽部」が、この事故が決定打となって、翌年の二月から週五回になった。

人が変わったようにおとなしくなった井之坂さんの中で、どんな変化があったのだろうか。あえて忖度《そんたく》すれば、ケガをしたことで自分が昔の自分でないことを認めざるを得ず、それでも普通に生活できているのは家族の支えに負っていることに気付いたのかもしれない。

「やんちゃ倶楽部」が休みの日・月はほとんど家にいるそうである。ただ妻は、「やんちゃ倶楽部」に合わせてパートを変えたから、日・月でも昔のように井之坂さんが独りになることはない。「勝手に家を出たら怒られるわ」と言うのは、妻に心配をかけたくないからだ。もっとも、最近は出かけるとしても、勝手知った近所だけだから迷うこともなくなった。ただ、飲む金があれば、少しは出かけてみたいらしい。

そこで僕が「自転車の練習しましょう。動かないと外に出られなくなりますよ」と言うと、はっとして「何言うてん。怒られるわ。あかん」と真顔で否定した。

安心を得た代償

「やんちゃ倶楽部」で楽しいのは、子供を相手にする仕事だそうで、幼い子供たちから「イノッチ」と呼ばれると、だんじりのような男がすっかり好々爺《こうこうや》に変わる。

今の生活には心から満足していると、井之坂さんは言った。

「嫁はんがしっかりしてるから心配事がない。それに、ここに来ると、皆に会えるから楽しみや。嫌なことは何もないし、不安もない。毎日が大満足やで」

「不安はあるでしょ？」

「全然ないわ」

記憶障害で困ることが多いはずだと思うが、本人は「今は何も困ってない」と言い切る。頼まれたら嫌とは言わないかわりに、自己主張することもない。こうした性格のせいか、スマホのナビや、スケジュール帳やヘルプカードを使って行動範囲を広げようという気持ちもない。使い方を知らないこともあるが、今の落ち着いた環境から、あえてチャレンジする気にならないのだろう。

認知症の症状が進めば、過去も未来も不確定になる。今この瞬間を楽しむことは大事なことだ。それゆえ井之坂さんの選択に間違いはないのだが、現状に満足して落ち着くことは、本人にとって本当にいいことだろうか——、琴さんは一抹の不安を感じている。

「前は独りの時間があると、あそこに行こうかとか言うたけど、今は私が言わない限り動かないんです。安心を得た代償でしょうが、それがいいのか悪いのか……」

僕もそう思い、井之坂さんに「スマホのナビの使い方を覚えたら、独りでどこへでも行けますよ。やってみませんか」とけしかけた。すると井之坂さんは、

「ええ！　そんなの聞いたら、俺、ほんまにスマホ買いに行くで。そやけど嫁はんに怒られるな……。家に持って帰るのは難しいな。ここで毎日練習して知らん顔しとこか」

と真顔で言う。しかし数分もすると首を振った。

「いやいや、やっぱり心配かけたらあかん。明るい認知症でおらんとあかんのや」

⑦ 家族のため消えゆく記憶を本に残す

手作り地図で風景を確認する

声がしたほうを振り返ると、大城勝史《おおしろかつし》さん（42）が笑顔で立っていた。「こんなに若くてほんとに認知症？」と僕は心の中でつぶやく。肩にショルダーバッグをかけ、胸には首から吊るしたメモ帳を、腰にはウエストポーチ、手に書類バッグという、ちょっとしたお上りさんの雰囲気だが、これらは彼の〝お出かけ基本セット〟である。スーパーで買い物するのに日記帳やノートまで必要ないのに、例外を作ると習慣が壊れるのが怖くて、外へ出るときは必ずこの格好だそうだ。

現在は決まった場所以外、独りで出かけるのは難しく、この日は妹さんの車に乗せてもらってやって来た。

「この前にお会いした時は……」と僕が言う。

「いつ会ったんですか？」と大城さんが尋ねる。

「二ヵ月前の七月二十四日です」

「(ノートを見ながら) ああ、ほんとうだ」

二ヵ月で僕のことはすっかり忘れていた。

沖縄・豊見城《とみぐすく》市に住む大城勝史さんの名前を聞いたのはずいぶん前のことだ。自分のブログを本にしたいので、クラウドファンディングで資金を集めているという話だった。できた本は支援してくれた人に渡すと聞いたものだから、すぐにアクセスしようと思いつつ、すっかり失念してしまった。思い出したときにはすでに本は出版されていた。それが『認知症の私は「記憶より記録」』(沖縄タイムス社) だった。読んでみると、認知症を疑われてから確定するまでずいぶん時間がかかっているが、その間の症状の変化や不安感を、できるかぎり客観的に描写しようとしていることに驚いた。そして、その一週間後には大城さんに会うべく沖縄に飛んでいた。それが七月二十四日だったのである。

大城さんはバッグから地図とアルバムを取り出し、「今いちばん困っているのは、気軽

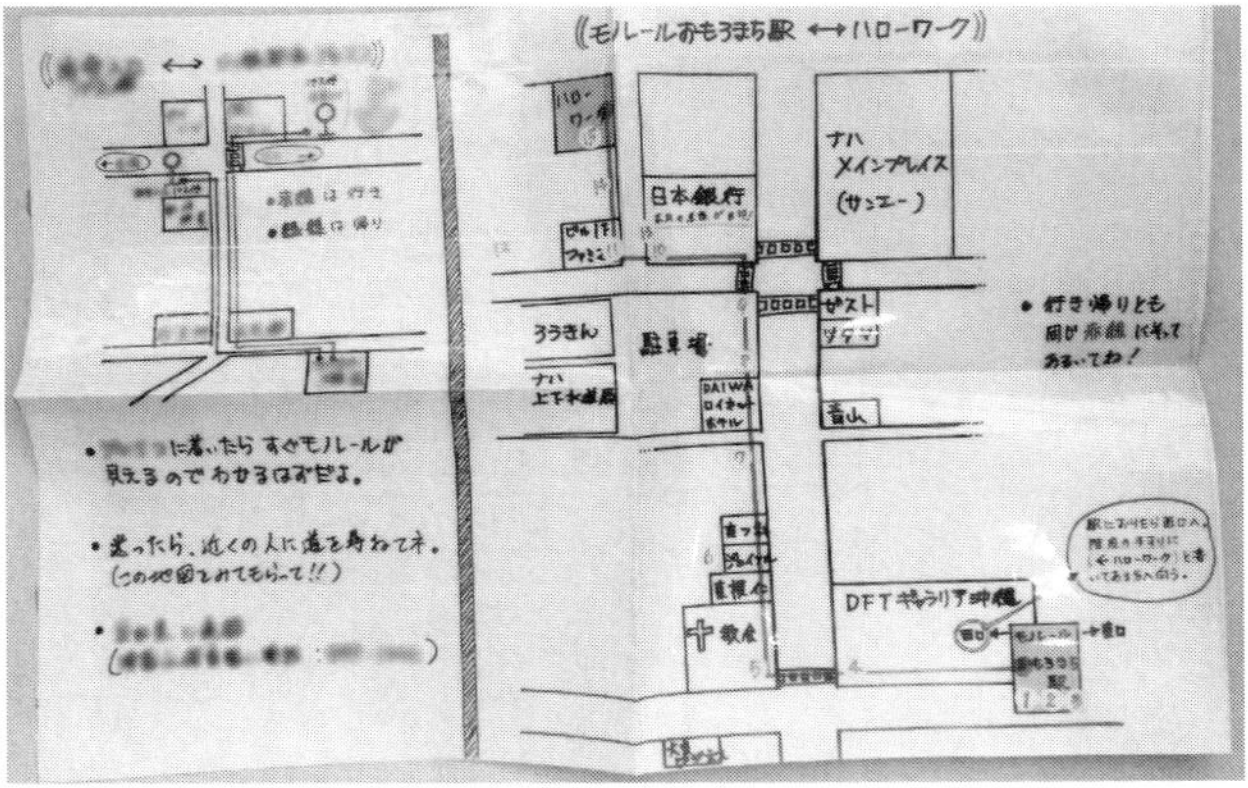

大城さんが妻に作ってもらった那覇新都心の地図

に独りで好きなところへ行けないことです」と言った。そのために必死に努力して那覇新都心（那覇市の北部）まで行けるようにしたという。

「道に迷うものだから、最近は独りで出かけるのも難しくなってきました。ウインドーショッピングしたくても妻や兄弟に連れて行ってもらわないと行けません。最近は友達関係も曖昧になってきて、友達と会うと緊張するもんだから、家族に同行を頼むしかありません。それでも、やっぱり独りで出かけたいですよね。でも疲れやすいから、次の日の仕事に支障をきたさないように半日で帰れる距離と、もし疲れて帰れなくなったときに迎えに来てもらうかタクシーで帰ることを考えたら、私の場合は遠くても新都心でした。そこにはメインプレイスという大型スーパーがあって何でもそろっています。そこへ行くまでの地図を妻に作ってもらったんです」

地図はすべて手作りだ。新都心の地図には、「おもろまち」というモノレールの駅からメインプレイスまで赤い線が引かれていて、交差点や主な建物に数字が記されている。その数字の地点を撮影した写真がアルバムにあり、自分がどの数字のポイントにいるかを写真で確認しながら歩く。

「写真の風景を確認しながら番号順に歩いていくんです。写真と同じ風景を見るには、撮影した場所と同じ位置に立たないといけないんです。後ろを振り返ったら風景がまったく違うので、写真を見ていながら迷ったこともあります。写真と同じ風景を確認しながら歩くのですから、ものすごく時間がかかりますね」

大城さんは、脳が疲れると高熱が出るという。

「気分転換するにも体力を考えないといけないなんて、なんでこんな難儀な頭になったんだろ……」

お客さんの顔が覚えられない

認知症を疑う以前に、ひどい頭痛やめまいに悩まされることが何度かあった。しかし病院に行こうかと迷っているうちに治ってしまうので忘れていた。難聴気味になったこともあるが、これも原因がわからなかった。やがて二〇一一年の暮れ、大城さんは、はっきりと自分の記憶力がおかしいと感じるようになる。

レンタルビデオ屋でビデオを借りてきたら、家族から「またこれ借りてきたの？」と言われることが度々あったのだ。借り直そうと思ってビデオを選んでいたら、まるで消しゴムで消すように、さっきまで覚えていたことが頭から消えた。「あれ？ なんだろ、この感覚は。おかしいなあ」と思い、意識して覚えようとしたが、やはりぱっと消えてしまう。消えたという認識はあるのに、何が消えたのかわからない。

消える感覚はさまざまで、覚えていたことが順番に消えていくときもあった。突然消えるのは、今でもよくあるという。

それだけではなかった。それまで妻と一緒に買い物に行くときは、大城さんが金額を計算していたのに、その計算もできなくなった。そのことを妻に相談すると、「おじいちゃんじゃないんだから、大丈夫？」とたしなめられたが、「脳トレをやったほうがいいかもしれないなあ」と思っても、病気と結びつけて考えたことはなかった。

困ったのは、仕事でも覚えられないことが増えてきたことだった。その時分、大城さんは沖縄トヨペットで営業マンをしていたが、客の顔が覚えられなくなったのだ。ある日、自動ドアが開いてお客さんが入ってきたので、「いらっしゃいませ」と言って業務に戻ろうとしたら、「大城さん、書類持って来ましたよ」と呼び止められた。

「ハイ？」

「車の書類、今日の約束でしたね」

「あ⁉」

しどろもどろになりながら机に戻ると、確かにお客さんと約束した時間が書いてある。謝るしかなかった。

同僚に相談したが、「俺もよくあるよ。お客さん、いっぱいいたら覚えられないよなあ」と言われた。そう言われると言葉を返せず、もやもやと違和感だけが残った。

「こんなこと昔はなかった。いつからこんなに人の顔や名前が覚えられなくなったんだろう。自分の体であって、自分の体でないような……。これって普通なのかな」

お客さんの顔が覚えられなければ営業マン失格である。そのため、それを隠そうとしてさまざまな手段を講じた。

「お客さんと会う時間の一時間前に約束の場所へ着くようにしました。顔を覚えていないから、お客さんと目が合ったのに私が気づかなければ困ります。そこでパソコンを触りながら下を向き、お客さんのほうから声をかけてもらうようにしました。『大城さん』って呼ばれたら、初めて気がついたように『はい』って返事をするんです。会社で会うときもそうです。お客さんが待合室にいたら、お客さんと目を合わさないようにして探すふりをして、お客さんから『こっち、こっち』と呼ばれるのを待ちました。

同僚を探すときも大変でした。誰々さんが呼んでいると言われたら、まず座席表を見て探すのですが、席にいないときは、その人が男性なら女性に声をかけるんです。男性に声をかけたら本人の可能性があるからです。女性に『誰々さん、見なかった？』と訊いたら絶対に間違えません。あのときは必死でした」

気苦労が絶えなかった。やがて記憶にかかわる異常な事態は、さまざまな形であらわれる。

「営業でお客さんの家に行ったときでした。ナビを見てもわからなくて、コンビニに立ち寄って店員に訊いたのですが、店員が説明するはしから覚えた言葉が消えていくのです。いっぺんに聞いても覚えられないので、最初のポイントに『目立つ建物がありますか？』と訊き、あればそこまで行き、そこで次のポイントのことを訊くようにしました。当然、ものすごい時間がかかり、着いたときはぐったりです」

疲れのせいなのか、病気のせいなのか、ちょっとしたことで妙にイライラすることが増えてきた。

「普通に道を歩いていて、向こうから来た人と目が合うじゃないですか。それだけでイラッとするんです。スーパーで買い物をして、前の客がレジで払いながら店員と話をしていたら『遅くなるんだからしゃべるなよ』とか、財布からお金を出すのにモタモタしていたら『準備しておけよ！』って。そういうときは、家に帰って『おかえり』と言われただけでイラッとします」

脳炎か認知症か

「顔が覚えられない、道も覚えられない。なんだろう？　普通じゃないよな」と思いながら、それでも認知症を疑うことはなかった。なにしろ当時は、小学生二人と一歳の娘三人を持つ、まだ三十七歳の父親だったのだ。

同僚や上司の顔が覚えられなくなると、顔写真を携帯電話に登録してその都度見たり、予定やお客さんとの約束は携帯のアラーム機能を利用したりしたが、そんなことでは解決できない問題が起こる。

「私のアパートの駐車場で何回か車をぶつけたのですが、前のバンパーとライトが外れるぐらいの衝撃があったはずなのに、車から降りて初めて気がついたんです。どうやってぶつけたんだろう？　ちょっとやそっとの衝撃じゃないのに、気づかないほうがおかしい。事故を起こしていないだろうか。人を轢《ひ》いていないだろうか。怖くて、怖くて……」

二〇一二年四月、病院で検査を受けたが、診断は、「若年性アルツハイマー型認知症は否定できないが脳炎の可能性が高い」という極めてあいまいなものだった。これが三年も続いたのだが、この間がもっとも苦しかったという。

「脳炎の治療を始めたとき、先生にどっちなんですかと尋ねたら、認知症の可能性もあるけど、まだ断定はできないと言うんです。じゃ脳炎ですかと訊くと、認知症の可能性もゼロではないと言うんです。脳炎だったら営業に戻れるかもしれないけど、認知症だったら無理だな。仕事ができなくなったら妻に頼る？　周りに援助してもらうとしても一、二ヵ月以上は無理だよな、なんて考えると怖かったですね」

大城さんはネットで認知症のことを調べた。すると五年から六年で寝たきりになる、初期は本人の頑張りと周囲のサポートがあれば普通の生活ができても、約二年で寝たきりになる——などと書かれていた。自分もこういう風になりたくない恐怖から、認知症を否定する材料がないか、さらに調べた。

「認知症になると意思疎通が難しくなると書かれているけど、私は普通に話ができるから大丈夫とか、機械操作が苦手になるってあるけど、パソコンが使えるんだからやっぱり認知症じゃないんだとか、認知症を否定しながら、でも認知症かもしれないという葛藤で苦しんでいました」

「脳炎だったらいいのに」と思いつつ、自分が寝たきりになった数年後をイメージしたり、自分のせいで家族が苦労している姿をリアルに想像しては落ち込んだ。

「脳炎？　認知症？　私はどっちなんだ。それまで大きな病気をしたことがなかったから、苛立ちというか、目の前が灰色がかっていて、とっても混乱していました」

二年間に五回も入院して検査をするが、結果はいつも判然としないものだった。時には苛立って「どっちなんですか！」と声を荒らげたこともあった。

僕が「時間をとって主治医と相談しなかったんですか？」と言うと、大城さんは憤りを隠さなかった。

「今でも覚えています。退院の直前に先生と相談したら『家族で相談してください』って言われたんです。自分たちで解決してくださいということですね。何を言ってるんだろうと思いました。脳炎の可能性が高いと言われ、認知症の可能性もあると言われ、退院したら会社と話をしないといけないから相談したのに、それがこの返事でした」

使える援助はないか、会社とどう話し合えばいいか、そんなことを相談できる窓口を紹介してくれたらと思いながら尋ねたのに、その病院では何も教えてくれなかった。まだ認知症と断定されたわけではないが、大城さんは、独りではとても対応できないと思い、ネットで調べてようやく「認知症の人と家族の会」（「家族の会」）とつながる。

一回目の脳炎の治療を終えると、大城さんは会社と話し合った。仕事は厳しいと言われていたのでクビになることも覚悟した。ただ「営業はできませんが、回復したら必ず戻りますので。それまで何か仕事をさせてください」と言うつもりでいた。では何ができるのかと問われても、営業は無理、電話も無理では何も浮かばない。ところが話し合いの場で咄嗟《とっさ》に「もし洗車ができるなら洗車をさせてください」という言葉が口に出た。担当者は困った顔をしていたが、しばらくすると洗車係に配属されることが決まった。

泣きたいときは泣けばいい

車をぶつけて以来、運転しないようにしていた大城さんは、新しい勤務先まで自転車で通った。ところがある日、地図を見てもどこを走っているのかわからなくなった。どこから来て、どれぐらい走ったのかもわからない。このときは仕方なく妻に頼んで車で送ってもらったが、翌日は妻が送ると言うのを拒否して絶対に自分で行くと言い張った。

「自転車に乗って、半日迷子になったことがありました。『迷子になった、迎えにきて』と電話したときは、悔しくて泣きました。それなら妻に頼んだらいいじゃないかと言う人もいますが、会社に独りで行けないなら行かないほうがいい。自分でとことんやってどうしてもダメだったら助けを呼ぶ。だから意地でも行くって言い張ったんです。沖縄方言でいうガージュー（頑固）なんです。よくも悪くも、それが今の自分を作っていると思います」

自転車で通勤するたびに迷っていたら仕事にならない。そこで、目印になる建物がわかれば迷わないのではないかと考え、この章の冒頭のような地図を妻に作ってもらったのだ。地図も写真もラミネート加工して、雨の日でも使えるようにした。

「最初は迷子になったこともありました。どこから来てどこへ行くのか、前後がわからないんです。写真を見ても、見る位置が違うと気がつきません。いつまでたっても会社にたどりつかず、疲れて仕事に行く気をなくしたこともあります」

地図を見ながら会社まで行くときの感覚を、大城さんはこう語っている。

「自宅もわかるし、会社もわかります。でも限られた建物以外、途中の風景はわかりません。たとえば、初めての東京見物で東京タワーを見に行ったとします。地図を見ながら歩いても、見たことのない風景ばかりで不安です。でも東京タワーが見えたらホッとする、そんな感じです」

これは自宅の周辺でも同じだという。

二〇一三年八月、脳炎を発症すれば後遺症として高次脳機能障害になる可能性があると言われ、将来、仕事に復帰するためにも千葉県の障害者職業総合センターで訓練を受けることにした。ほぼ三ヵ月の合宿訓練を終え、沖縄に戻ってきたのが十一月。ところが二〇一五年にアルツハイマー型認知症と診断されるのだから、三ヵ月の訓練は徒労ともいえるのだが、大城さんはそうは思わなかった。

「それまで日記を書く習慣がなかったのに、予定と行動を確認するためのメモリーノートの使い方を習得したおかげで書くことを覚え、日記やブログも書けるようになりました。このことは私にとって大きな収穫でした」

沖縄に戻った翌年から、会社の配慮で自宅に近い店舗に配属された。ここならバス通勤も可能だ。あらたにバスを使った通勤ルートの地図を作成した。

二〇一五年に認知症と診断されたが、かつて認知症の可能性があると言われ続けたときの恐怖はなかった。かといって平気でもなかった。ただ強がらず、泣きたいときは泣いた。そんな大城さんを支えたのが家族だった。

「このままへこんでいたら家族はどうなるんだろう。自分より家族が心配でした。この若さで寝たきりになって、もし暴れたら抑えきれるのかなぁ。俺はへこんでもいいけど、娘たちがそれを見てどう思うんだろう……。そんなことを考えたら、なんとか踏ん張らないと、と思ったわけです。だから家族の前では平気な顔していました。

でも独りになると、いつも泣いていましたね」

同僚や家族の協力で

洗車といっても、僕たちには簡単なように見えるが、大城さんにはそれほど楽ではない。たとえば、ガラスを拭いている途中でボディに移ると、どこまで拭いていたのかわからなくなってしまう。だから、ボディならボディだけしか拭けない。四枚あるフロアマットも、全部を一気に洗えばどれがどこにあったかわからなくなってしまう。だから一枚ずつ洗うしかない。作業中に「大城さん、次はワックスね」とか言われただけでパニックになってしまう。複数のことを同時に考えると何もできなくなるのだ。

これは日常生活でも同じで、朝起きて歯磨きと洗顔のどちらから始めようかと考えると、歯ブラシに洗顔フォームをつけて磨いていることもあった。

「自分が何をやったか、絶えず意識していないとわからなくなってしまう」という。だから疲れやすい。それも疲れるのは仕事のときだけではない。家族と一緒に出かけても疲れるのだから、ゆっくり遊ぶこともできない。

「楽しいことなのに、なんで疲れるのか。これがすごく歯がゆくて、せめて遊ぶときぐらいは朝から夕方まで持続できる脳の体力があればいいのに……」

最初は仕事中に疲れても、仮眠の大切さがわからず、休ませてほしいと言えなくて隠れて休んでいた。

「眠たいと言ったら、やる気がないと思われるのではないかと不安で、倉庫の隅っこに座って休んでいました。でも眠いのに眠れないから、体力が回復しないんです。限界が来ると段ボールを敷いて眠るのですが、誰かが入ってくるとぱっと起きるのですから不思議に思ったでしょうね。みんな異変を感じていたと思うんですが、理由がわからないから、声をかけづらかったのだと思います。無理すると早退したり休んだりするので、あの頃は仕事に自信を失っていました。『俺はもう仕事は無理かなぁ』って……」

認知症と診断されたことを会社や同僚に説明すると、社内の雰囲気はがらりと変わった。とくに、仮眠をするようになってから仕事もできるようになったという。

「現在は週四日勤務です。朝九時から夕方五時半まで。仮眠を二回取っています。午前中に一回、午後に一回。あわせて一時間ぐらいかな。今は体調が悪いなと思ったら、『休憩してきます』と言って休みます。仕事も他の人にくらべたら遅いけど、みんなわかってくれていますから、プレッシャーを感じずに自分のペースでできます。私の作業で間に合わないときは、さっと手伝ってくれるんです」

仕事が続けられるのも、同僚や家族の協力があってこそだが、もちろん大城さんは他人に頼るだけでなく、さまざまなツールを活用することで自立できるようにしている。

手製の地図のほかに、最近はグーグルマップを活用するようになった。七キロぐらいの距離だったら、たいてい歩くという。

毎日の出来事をメモリーノートに記録する以外に、スマホのアラーム機能を使って毎日の時間割を決めていることもそうだ。朝六時の起床から始まって、出勤簿記入や仮眠の時間、薬を飲む時間などが続く。その中に「思い出す練習」というのがある。

「今日はどんなことがあったのか、振り返るんです。お昼すぎと夕方の一日二回です。今日はホテルで話をしたなあとか、思い出せる範囲で思い出してみる。思い出せるときもあれば、全くだめな時もあります。これは職業訓練センターで教わりました。最近はその日のことは思い出せても、前日のこととなると難しいですね」

スケジュール管理はメモリーノートを利用し、たとえば「○月○日、講演」と記入すれば、自宅にある事務用のホワイトボードにも書き込む。同時に卓上カレンダーにも印をつけ、二重三重にチェックするようにしている。

どこへ行くにも〝お出かけ基本セット〟を身につけるのも忘れ物をしない工夫だ。迷ったときのために「ヘルプカード」も所持しているが、他人の助けを借りるのは最後の手段と考えているから、ぎりぎりまで使わないという。

たった一つだけ昔から忘れないことがあると言うので、僕は「へえ、何ですか？」と尋ねた。すると「ロト6《シックス》は木曜日に抽選があること」と言ってニヤッとした。

クラウドファンディングで著書を

この几帳面な性格が幸いして、認知症になってからも物をなくしたことはないという。

「家では財布も携帯も、自分の決めた場所以外に置かないからです。見なくても、家の中のどこに何があるかわかります。朝起きたらパソコンを開くのが習慣ですので、ホワイトボードもパソコンの近くに置いています。これは、体に異変を感じたときから、集中的にやりました。もっと気楽になれたらと思いますが、おかげでなくすことがないのでよかったと思うようにしています」

外出する時は必ずこのスタイルだと言う大城さん

大城さんが、認知症であることをオープンにしたのは二〇一六年一月だった。前年の七月に、「認知症地域ネットワークフォーラムin沖縄」で、当事者として語ってほしいと依頼されたのだ。「家族の会」では大城さんの両親と相談した。依頼を受けた大城家では家族会議を繰り返し、約四ヵ月後にようやく承諾する。「勝史がこんなに頑張ろうとしてるんだから応援しようよ」という父親の言葉が決定打になったという。しかし、そのことは大城さんも知らなかった。

フォーラムの当日、家族は「顔の見えるところに俺たちがいないと、あいつは緊張するからなあ」と、大城さんを安心させるために、前列の席を家族や親戚が占領して応援したという。

家族の後押しがあったとはいえ、フォーラムでの講演を受け入れたのは、大城さんなりに理由があったという。

「沖縄にも認知症の人はたくさんいます。でも自分が認知症であることを明かした人はいません。だから、沖縄で、認知症の人が認知症の人に会いたいと思っても、内地に行かないといけないんです。それなら私がカミングアウトして、話し相手になれたらいいな、自分の経験が何かの役にたてたらいいと思ったんです」

その頃から大城さんは、子供たちのためにも自分の体験を本にして残したいと考えるようになっていた。

「昔のことを思い出しても、顔と名前が出てこない。部活でアーチェリーをやっていたときのシーンは思い出すのに、同級生の顔が出てこない。顔だけ黒く塗られている感じなのです。親戚がいっぱいいるのに、やはり顔と名前が出てこない。とっても気持ち悪い記憶です。自転車通勤しているときに、誰かに声をかけられて逃げたことがあります。私のことをあだ名で呼んでいたから友人のはずですが、誰だかわからないから『俺、急いでるから』って逃げたんです」

そのことが今もトラウマになっていて、家族以外の人と会うのは緊張するし、さらに電話となるとうまくしゃべれないという。この日も僕と一対一なら「ドキドキしてしゃべれないが、隣に妹がいるから安心して話せる」と言った。

「子供たちの記憶も、お姉ちゃんが小学生のときに一緒に遊びに行った思い出は覚えているのに、中学生になってからは何も出てきません。私にとって芸人でいちばん新しい人は『ワイルドだろ〜』のスギちゃんなのです。最新の人でないことはわかっていますが、記憶がそこで止まっているのです。

普通のお父さんはバリバリ仕事をしていても、私はこれから仕事ができなくなっていきます。記憶も消えていきます。子供たちに対して、私の父親としての姿勢を見せることができないのがとっても悔しいです。そう考えたとき、仕事で見せることができなかった分、自分の気持ちを書き残しておきたいと思いました。誰かに『あなたのお父さん、病気なの？』と訊かれたら、『病気だけど、いろんな活動してるよ』と自慢してくれればいい。そしたら『格好いい！』と言われるんじゃないか。そんな気持ちもありました」

脳炎と診断された時期から、「もし認知症だったら、症状が進んで話せなくなる前に自分の気持ちを残しておこう」と思って記録していたという。しかし書いているうちに、この経験はみんなに知ってほしいと思うようになった。やがてそれを原稿にして地元の新聞社に送った。しかし返事はなかった。相手にされていないんだと思い、自費出版も考えたがお金がかかりすぎる。ネットに「本を出したい　お金がない」と入れて検索すると、クラウドファンディングという方法がみつかった。寄付による自費出版である。大城さんはこれしかないと思い、寄付を募る。そして五百件を超える支援を得て、ようやく出版にこぎつけた。

二〇一七年六月二十日、著書が届くと、娘は目を丸くした。

「超すげぇ！　お父さんなら出しかねないと思った」

戻れるんだったら……

大城さんは、僕にラーメンの「一平ちゃん」がいくつも写った写真を見せて笑った。

「安かったから一平ちゃんをいっぱい買ったんです。でも前にも買っていて、おうちにたくさんありました」

すると隣に座っていた大城さんの妹さんも一緒に笑う。

「結局、みんな子供たちが食べるんです。他の家庭だと『勝手に食べて』となりますが、うちでは、『お父さんは覚えてないから食べちゃおう』なんです。これがまた家族の笑いのネタになるんです。お菓子が安いからと買ってくると、子供たちが『また買ってきてる』って爆笑です。先日も一緒に風呂に入った下の娘が、『お父さん、さっきも頭洗ったのに、またシャンプーしてるよ』って笑ってるんです。忘れたことが家族の笑いのネタになっています」

そう言われて大城さんは、うんうんと軽くうなずきながら笑いをこらえている。なんだかほんわりとした家庭が浮かんできて、僕もつい笑ってしまった。

僕はそんな大城さんに、「認知症になってよかったことはありましたか？」と尋ねた。

「本を出すなんて考えたこともなかったのに、意外な自分に気づいたことかな……」

言葉に力がなく逡巡《しゅんじゅん》しているようだった。そして「でも……」と言う。

「今の正直な気持ちは、元の生活に戻れるなら、営業をやっていた時代に戻りたい。認知症になっていろんな出会いはありました。でも正直に言えば、戻れるんだったら以前の自分に戻りたいんです。普通に仕事をして、家族と普通に暮らしていた、あの時代に戻りたいんです」

⑧ 病状告白後も「鋼の心臓」で堂々と生きる

流暢なスピーチ

台風一過のあと訪れた秋晴れのある日、東京・日比谷公園の野外音楽堂で、ステージに立った男がマイクを引き寄せてしゃべっていた。

「私は六十三歳で若年性アルツハイマー型認知症ということで精神障害者になりました。昔のことは覚えていますが、今は相手がしゃべる一、二分の話がわからなくなりました。漢字も書けなくなり、ひらがなも間違え、足し算、引き算もパソコンも難しくなりました。いつも歩いている道でも、足が勝手に右に行ったり左に行ったりしてしまいます」

短髪の日焼けした顔に汗がにじんでいる。しゃべっているのは神矢努さん（65）だ。一年半ほど前にアルツハイマー型認知症と診断されたが、不特定多数の人がいる公の場で、自分の病気について話すのはこの日で二度目だった。

いつの間にか客席の半分が埋まっていた。聞いているのは障がい者とそのサポーターたちである。この日のイベントは「『骨格提言』の完全実現を求める」という障がい者のフォーラムだった。民主党政権時代に、障がい者差別を解消するための「骨格提言」をまとめたが、政権が変わると実施されなくなったため、この実現を求める集会である。認知症も障がい者だということで、この日は神矢さんが急遽《きゅうきょ》しゃべることになったのだ。

「自分が認知症になったことを知られたくない人もいると思います。認知症になったらお終いだと思う人もいるかと思います。しかし、それでも、認知症になっても人生は終わらないし、まだまだ自分にできることはいっぱいあります。もちろんできないこともいっぱいあります。それでも、腫れ物に触るような接し方ではなく、人は人、私は私だから、自分のことは自分で決めていきたいと思っています。私たち抜きに、私たちのことを勝手に決めてもらいたくありません」

そして聴衆を見回すと、毅然《きぜん》とした物言いでこう結んだ。

「当事者が声をあげれば、世の中は変わる。そんな社会を創っていきたいと思っています。今後とも共に頑張りましょう」

認知症当事者として舞台に立つのはまだ二度目というのに、その言葉は弁士のように流暢だ。おそらくこれまでの職業と無縁ではないのだろう。

客席の中央では、伴侶の佐久間登喜子《ときこ》さんが、壇上の神矢さんを見守るようにじっと耳をそばだてていた。

3K、夫婦二人暮らし

神矢さんは東京・新宿駅まで歩いて行ける距離に住んでいる。マンションではない。都心のマンモス団地で知られた都営戸山ハイツである。

戸山ハイツが大規模団地として建設されたのは昭和四十年代だ。神矢さん夫婦は、十二年前に戸山ハイツへ越してきた。百四十倍という競争率だったのに一発で当選したという。部屋は、三畳間も含めて3Kだから余裕のある広さではないが、夫婦二人だけなら十分だろう。

壁には、野鳥の細密画が掲げられていた。登喜子さんが写真を撮り、神矢さんが水彩で描くのだという。プロ顔負けの筆使いで、一枚完成させるのに約三ヵ月かかるという。

部屋に入って気がついたのは、何もかもそろえたようにきちんと片付けられていることだった。僕のためにわざわざ掃除を？　すると登喜子さんが「いえ、神矢が……、私も一緒にやるんですが」と笑い、神矢さんもこう言う。

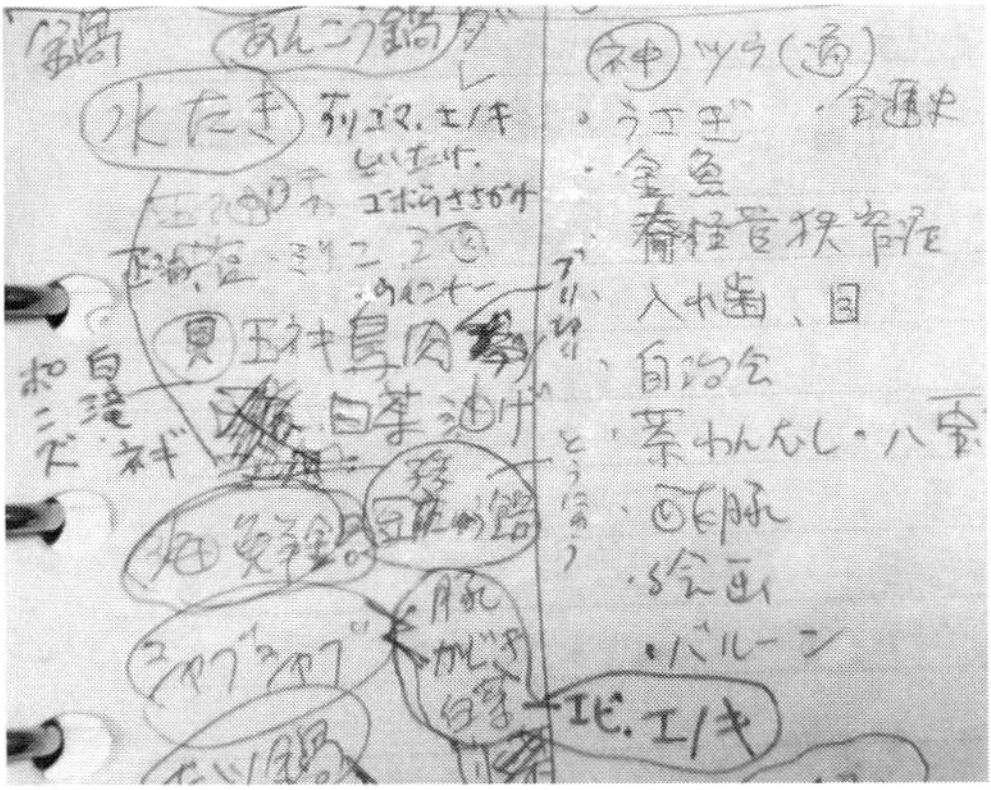

記録魔の神矢さんは、料理レシピもすべてこの手帳に書き記している

「掃除するのは得意ですよ。料理もできます。茶碗蒸しも作るしハンバーグも作る。余った肉でロールキャベツや餃子も作ります。もちろんレシピもあります。ほら、この手帳に、山芋と梅干しをビニール袋に入れて叩いて……と書いています。豚汁も、水炊きも、海鮮鍋も全部書いています。鍋関係は何でもできるし、おでんは得意中の得意です」

　神矢さんは細かい文字でレシピを書いたボロボロの手帳を、実にうれしそうに見せてくれた。

「すごい几帳面ですね」と言うと、神矢さんは少し照れくさそうにしていた。

「でも洗濯から掃除、料理までやったら、奥さんの出番がないのでは？」

するとと登喜子さんがこう言った。

「いつも一緒にやるんです。神矢がハンバーグを作ったら、私はサラダを作るとか。ちっちゃい台所ですけども、二人で一緒にやるんです。洗濯物をたたむときも、ほこりが嫌だから、たたむ前に必ずお掃除をしています。その間に私は取り入れるとか……。そういうのを嫌がらずに普通にやりますね。どうも動いてないとつまらないようです」

二十八年ぶりの原職復帰

神矢さんはちょっと変わった経歴の持ち主だ。

一九五五年以降、日本経済は飛躍的に成長したが、当時の郵政省は、増加する郵便事業を合理化で乗り切ろうとした。これに反対する職員はストライキで立ち向かい、国は減給や停職、または解雇処分とした。一九七九年四月二十八日、全逓信《ぜんていしん》労働組合の青年部を中心に約八千名という大量処分があり、うち五十八名が懲戒免職、三名が解雇となった。解雇や免職になったのはほとんどが若い職員だったという。大学を中退して五反田の大崎郵便局で働いていた当時二十六歳の神矢さんも、懲戒免職になった一人だった。

彼らは、原職復帰を求めて署名運動や抗議行動を続けるが、「退職金も特例金も出す。

それが嫌ならあきらめろ」と進退を迫られ、仲間は次々と脱落していったという。神矢さんを含めて七名が最後まで抗議行動や裁判で闘い、二十八年後にようやく不当解雇が認められて原職復帰を果たした。

二十八年ぶりに郵便局に戻ったものの、浦島太郎も同然だった。

仕事も昔とくらべて様変わりし、のんびりと配達していられなかった。朝から晩まで忙しく、七十キロあった体重は五十キロに減った。やがて脊柱管狭窄《きょうさく》症で歩けなくなり、やっと原職復帰したというのに、その一年半後の二〇〇八年九月には退職せざるを得なくなった。その後は東京南部労働者組合の組合員として労働相談に専念してきた。

「たとえば、『クビになりそう』『いきなり解雇と言われた』『残業代を払ってくれない』『パワハラがひどい』といった相談です。そういう相談があるとまず対策会議をやり、その後は会社に対して交渉の申し込みをします。拒否は認めません。あくまで団体交渉を要求します。最終的に金銭で解決するとか、元に戻すとか、それが獲得できれば最高です。それがダメだったら労働委員会に申し立てを行います。ただ、前はバリバリやったけど、今は認知症だから、対策会議や団体交渉は無理ですね。新しい話についていけないんです」

「組合の仕事は月にどれくらいやるんですか？」

「ほとんど毎日。今朝も行ってきました」

それ以外にも自分が住んでいる棟の自治会長や副会長のほか、事務局長も務めた。なにしろこの団地全体で約三千四百世帯、五千七百人、神矢さんが住んでいる棟だけで三百世帯というものすごい数の人たちが住んでいるのだ。だから、何かにつけて「忙しい」という言葉がため息と一緒に飛び出すのだろう。

できることはやっていこう

神矢さんが認知症と診断されたのは二〇一六年一月だが、この年に自治会の事務局長に就任した。郵便局を辞めて七年後のことだった。

「あの頃はとにかく物忘れがひどくなっていましたね。ある日、ここに十二年も住んでいるのに、家を出た途端、方向がわからなくなったんです。右か左かではなく、風景が全く違って見えて、『ここは一体どこ？』と思いました。

すぐ病院で検査をしました。長谷川式（認知症スケール）のテストをしたら二十八点。三つの言葉のうち桜が思い出せず、引き算もできませんでした。年が明けてＭＲＩで検査をして、『間違いなく海馬の萎縮です』と言われたんです」

神矢さんがいう長谷川式の「三つの言葉」というのは、〈桜　猫　電車〉もしくは〈梅　犬　自動車〉を覚え、あとでそれを記憶しているか確認するという問題だ。「引き算」というのは〈100から7を順番に引いてください〉という質問である。

長谷川式は、認知障害がある程度進まないとテストの点数は下がらないし、あくまで言語でのテストである。だから失語症があれば、当然点数は下がる。早期の段階でアルツハイマー型認知症を診断するには、MRIやアミロイドPETによる画像検査や髄液検査などでより診断確率が高くなる。神矢さんも最終的にはMRIで確定した。

神矢さんはすぐに精神障害者保健福祉手帳二級を申請した。今もできないことが少しずつ増えているという。

「電車やバス、地下鉄の乗り方もわからなくなり、連れ合いがいなければ不安ですが、見知らぬ人に声をかけて教えてもらっています。小説を二十頁ほど読んで一日経つと翌日には覚えていません。また元に戻って読みます。

自治会の役員でパソコンができるのは俺だけなので、今も自治会の仕事を手伝っているんですが、だんだんパソコンのメールとか、やり方がわからなくなっています。漢字も見ればわかりますが、書けなくなってますね。最近もひらがなの『な』って何だっけって首をひねっていたんです。

病院はいつも行くところだからわかりますが、途中でお店に入ると帰り道がわからなくなったりします。久しぶりに郵便局に行ったときも、全然違う方向に歩いちゃってて、『あれ？』って思ったんです。仕入れのときもそうだったよね。道を間違えてしまって帰って来れなくなったんです」

「仕入れって何ですか？」

「ああ、盆踊り大会の仕入れです。綿菓子とか氷とかフランクフルトだとか焼きそばなどの仕入れで、俺は仕入れ担当なんです。だから結構大変なんです。

いつも通っているところならわかるのですが、一ヵ月行かないと忘れます。仕入れも一年に一回だから道を間違えるんです。新宿の文化センターなんて、何度も行ったのに、しばらく行かないと行き方がわからなくなっちゃうんだ」

「買い物は行くんですか？」

「買い物は大好きなのに、会計ができなくなりました。たとえば千円とか九百円はわかるのに、八百二十三円とかになると、どう計算して払えばいいかわからない。三桁の数字なら千円札を渡してお釣りをもらうようにしています」

電車や地下鉄の乗り方がわからなければ誰かに教えてもらえばいいが、困ったのは、相手が複数いたり、話が長くなったりすると理解できなくなったことである。労働組合の会議も、複数の人が右から左から話をするとパニックである。

「症状の進行が心配だけど、やっぱり確実に進行しているのは感じます。自治会でも組合でも、みんながバンバンしゃべるでしょ？　『神矢さん、お願いします』って言われても、何を言ってるかわからないんです。早口でしゃべられてもわからないし、難しい話をされてもわかりません。

まずメモができません。メモしようと思っても、言ってる言葉がわからないからメモできないんです。書こうと思っても、書こうとしたことを忘れます。たとえば『○月○日にこういうことをしましょう』と言われたとします。メモをしようとすると『あれ、なんだっけ？』となっちゃうんです。ときどきわかったふりをすることもありますよ」

登喜子さんが補足する。

「人との会話が苦手になってきています。一、二人ならいいんですが、大勢いると理解できないことが多いようです。先日も三十名ほどの会議でしたが、意見交換時に何を言われているか理解できなくて、記録を後から見て、自分の頭の中で整理していくという状況です」

そういえば、神矢さんは電話も苦手のようだ。何度か神矢さんの携帯に連絡したが、一言二言ならともかく、少し長くなると登喜子さんと話してくれと言われることがよくあった。メモができないうえ、相手の表情が読めないから、僕らが想像する以上に不安なのだろう。そういえば、当事者と連絡をとろうとすると、たいていメッセンジャーやLINEを指定されるのは、双方の言葉が文字で記録されるから安心できるのだろう。

僕が神矢さんに何度も問いかけた質問がある。認知症と診断されたときのことを、こう言ったからだ。

「MRIを撮って、認知症に間違いないって言われたとき、少し泣いちゃったよ。泣いたけど……、ぽろっと涙が出たけど、俺にできることはやっていこうと思った。だから認知症を隠そうという気持ちはなかったと思う」

これまで話をうかがった当事者のほとんどが、認知症と診断されたことにショックを受け、なかには何年も家に引きこもった人もいる。それが、まるで鋼の心臓でも持っているかのように、診断からわずか三ヵ月ほどで周囲に自分の認知症を告白したのである。これまで僕が会った当事者でこんな人はいなかったし、読んだ本の中にもいなかった。なぜこれほど勁《つよ》くなれるのか。すると神矢さんは、「なったんだから隠す必要はないでしょ」と僕を見つめる。僕は、「それを言えることが驚きなんです」と返した。

「障がいを持つ人を排除するのではなく、むしろ障がいの有無に関係なく、人に寄り添っていくのが社会のあり方、政治のあり方ではないか……」

「いや、そんなカッコいい言い方ではなくて……」

するとと神矢さんは、こう言い換えた。

「私が認知症になる前です。自分がこの棟の自治会長をやってたとき、独り暮らしの高齢者で徘徊する人が何人かいたんです。自治会としてなんとかしなくちゃいけないと思って、認知症セミナーを提案したんですよ。二回ほどやりましたが、その後、別の役員になってなくなりました。あのセミナーで福祉関係者を呼んだり、行政の人とどうやって暮らしていくか議論したことが大きかったですね」

「人生は終わりだという感覚にはならなかった?」

「認知症はできることもあるけどできないこともある。このできないことがあるというのが不安なんだけど、できないことの中にも、少しはできるものがあると思ってます。認知症になったのは悲しいことだけど、できることがあるなら、いろいろやっていくさ、という感じですね」

認知症の基礎知識があったからだというが、実は隠していては困る問題がいくつか出てきたこともある。

「たとえば廊下を間違った方向に歩いていたとします。『神矢さん、そっちは違うよ。どうしたの？』と声をかけてくれるんだけど、顔がわかるのに名前が出てこない。隣に住んでいる人の名前もわからないんだ。これじゃダメだと思ったね。

認知症になっても生きてるわけだから、認知症として生きていかざるを得ないでしょう？　だったら、自分が認知症として生きていることを、みんなに知ってもらいたいという気持ちなのかな。認知症になっても、こうやって自治会の資料を作ったりしてるんです。できることはあるんだから信頼関係は作れると思うんだ」

なにより大事な信頼関係

もう一つは実務的な問題があった。

認知症によってだんだんできないことが増えてくると、「どうも神矢さんは認知症らしい」という噂が必ず広がる。それによって自治会や労働組合の人たちとの信頼関係にヒビが入るのが怖かったという。

性格なのか、この人の仕事に対する責任感は生半可ではない。なにしろ、頼まれた約束事は必ず一週間前に果たすという几帳面さだから、自分が認知症であることよりも、これまでの信頼関係が崩れることのほうが恐怖だったのかもしれない。

「去年（二〇一六年）でした。自治会で大事なのは事務局長です。パソコンができるのは俺だけなので、俺が事務局長になったのですが、その前のことです。ある方から『認知症だから（事務局長は）やらないほうがいいんじゃないか』と言われたんです。あるいは『認知症なのに、なんで神矢さんが事務局長になるの？』とか『認知症の人が事務局長なんてとんでもない』って言う人もいましたからね。逆に、『神矢さん、自分が認知症だって言わないほうがいいよ』って忠告してくれる人もいました。その後、事務局長になりましたが、きちんと事実を伝えないと嘘をつくことになると思い、役員や幹事さんのところへ行って『自分は認知症です』と告知したんです。それでも続けたい気持ちをあらわしたら、皆さんも納得してくれ、一緒に頑張りましょうと言われました」

神矢さんがカミングアウトしたとき、「みなさん、ギョッとされて、ちょっと引かれたような気がした」と登喜子さんは言う。高齢者にとって認知症は恐怖の病気であり、それを六十代の神矢さんが告白したことへの驚きだろう。

「労働組合に対しても同じです。大勢の人が話をすると理解できないんだから、きちんと伝えないといけないと思い、今年（二〇一七年）の秋口に、自分にできることとできないことを書いて渡したんです。皆さんも了解してくれました」

ちなみに神矢さんも登喜子さんも記録魔で、神矢さんは『神っちノート』といって、認知症と診断された二〇一六年一月二十日から克明に記録している。さらに、大事なことはすべてプリントしてファイリングしているというので、組合に提出した「できる事とできない事」を見せてもらった。プライベートな事柄を除いて紹介する。

〈**自分ができない事**〉

・昔の話は覚えていますが、直近の1、2分程度の話が難しく、何を言ってるか分からなくなり、従ってメモも書けません。相手の話は、誰かにお願いしてメモ書きをしてもらっています。

・漢字も書けなくなってきているし、足し算・引き算もできない。

・一つに集中すると、他ができなくなる。（中略）

・現場でいつも会う各地域共闘のメンバーの顔はわかるが、名前がどうしても出てこない事もある。

・自分の意見を言おうとした時、アレアレとかエートエートとか言っている間に、何の事か忘れて、意見をあきらめたりする。

・パソコンや携帯EメールやCメールのやり方も忘れたり間違えたりして、シルバー人材センターの人に教えてもらったりしている。それでも、また忘れることがある。

・難しい言葉や話は分からないことが多く、弁護士付きの会議はもっと難しい話で時間も長く辛くて行けない。現場行動には行きます。

〈**自分ができる事**〉

・何十年も、ほとんど変わりなくやっていたことは身についている。

・会議では新しい難しい話は良く分からないので、ただ、そこに居るだけでもいいかと思っている。（中略）

・シュプレヒコールは、メモがあればできます。

・ちなみに、私ができる得意なことは、部屋掃除、食器洗い、買い物、洗濯して衣類をたたむ事、各種鍋料理やロールキャベツ等々です。好きなことは、水彩画で鳥の絵を描くこと、水彩画で人物の顔を描くこと、バードウォッチング、東京銭湯88ヵ所巡り、酒場、など〉

ここまで聞いていると、なんだか神矢さんがスーパーマンのように見えてくるが、ふと漏らした言葉に、これまで語らなかった本音を垣間見たような気がした。

「認知症のことは気にしなかったんだけど、今年の夏、『八重子のハミング』を見て、映画館で泣きまくりました。映画の中で『五年で寝たきり、もって八年』というセリフを聞いたときは、あまりにも悲しすぎてねえ……」

『八重子のハミング』とは、がんと闘う夫がアルツハイマーの妻を十二年にわたって介護し続けた実話をもとにした映画である。神矢さんは自分の将来に重ねたのかもしれないが、もちろん僕にはおくびにも出さなかった。

それでも、認知症と診断されてから約三ヵ月でカミングアウトし、さらに一年半の間に、自分でできることとできないことを客観的に見つめ直して文字にあらわすなんて、やはり僕には驚きとしか言えなかった。

こんな決断ができたのも、認知症に対する知識があったからだ。「認知症じゃないのに知ってどうする？」ではなく、普段から認知症について知っておくことの大切さを教えてくれたような気がする。

そしてもう一つは、人生の大半を、労働運動を通して差別と闘って過ごしてきたことと無縁ではないだろう。だから、認知症だからといって差別されるのはおかしい、俺は認知症になっても堂々と生きる、と言い切れるのだ。

「認知症だからできないこともあるが、できることもあります。認知症だからだめということはないはずです。その中で生きていく仕組みを作っていきたい。認知症の人でも楽しく、やさしく生きていこうよというのが基本だと思う」

唯一のカミングアウト

戸山ハイツのある新宿区の高齢化率は一九%なのに、この団地は五三%と、都会の中の限界集落ともいえる。当然、認知症の人もいるはずだが、これまで誰一人カミングアウトした人はいない。しかし現実には、自分の家がわからず、よその家の扉をドンドン叩く人もいるという。

「この棟で認知症ですと言ったのは俺だけなんです。自分が認知症だと知られたくないのがほとんどです。でも、それは絶対に違うと思う」

自分が認知症になった今、神矢さんはこれまでの経験を活かし、認知症セミナーを開いて当事者の話を聞き、地域で認知症の人が集える場を作りたいと考えている。とくに大事にしたいのは当事者の話を聞くことだという。これは認知症になってあちこち出入りした結果、家族の話を聞くと暗くなるが、当事者の話を聞くと明るくなれたからだそうだ。

「認知症になったらおしまいだということではなく、なったことを受け止めるしかないよね。悲しいことだけど、今は何とかやっていくさ、という感じですね。ん？ なんだっけ？ 俺がさっき言っていたこと……。すぐ忘れるんだよなあ〜」

都営戸山ハイツで行われた「ふれあい演芸会」。左が神矢さん

神矢さんは昨年撮影したという「ふれあい演芸会」の動画を見せてくれた。

カラオケがあったりフラダンスがあったり、かっぽれや創作舞踊もある。何がおかしいのか、大勢の高齢者が口を開けて笑っていた。神矢さんが住んでいる棟の住民だ。引きこもりの高齢者もいるので、楽しいイベントを企画して、交流の場にしようと始めたという。これは、いわば神矢さんが住む棟の慰安会である。

画面の中で、女装した神矢さんはカトリーヌ・カミヤを名乗り、フラダンスのような奇妙な踊りを披露して爆笑を誘っている。「これが超人気でね。毎回女装ばっかりで困ったもんだ」と言いながらまんざらでもなさそうだ。

神矢さんは今年になって自治会の役員を辞退した。今の肩書きは「ふれあい演芸会実行委員長」だけである。この演芸会を成功させるため、八月から約二ヵ月間、資料づくりや道具類の準備などで忙殺されたという。しきりに「いやあ、きついよ」と言うので、僕が「楽しくないんですか?」と言うと、「パソコンで間違えることが増えてね。やるまで大変だけど、終わったらやっぱり楽しいよね」とやはり満足そうな笑顔だ。

この日も六本木で労働争議があったため、朝六時に起きて出かけたそうだ。組合員の仕事が終わるのを待って夕方六時半から会議を始める。その間に買い物をしたり、病院に行ったり、あるいは「ふれあい演芸会」の資料を作ったりで結構忙しい。夕食を食べるのは夜十時頃だという。

「確かにできないことは増えています。これまで組合の対策会議とか団体交渉だとかでバリバリやっていたけど、今は認知症だから無理です。寂しいけど諦めていますが、ふれあい演芸会はずっとやってきてルーティーンになっているので、これからもやっていこうと思っているんです」

神矢さんは、できないことはあるが生活で困ったことはないという。おそらく登喜子さんが、神矢さんのパートナーとして、つかず離れずサポートしているからだろう。最近「若年性アルツハイマー本人です。ご協力お願いします」と書いたヘルプカードを作ったが、これが黄門様の印籠のように便利なことがわかり、独りで出かける機会も増えた。ただ、身体障害者は、障害者手帳を見せると、ＪＲでは百キロ以上の距離なら新幹線も乗車券は半額になるのに、精神障害者だと割引がないのが不満だそうだ。

「忙しいほど楽しいですか？」と尋ねた。

「どうなんだろうね。やりすぎるほどいろいろやってるね」

「忙しくないと人生つまらない？」

「とにかくやりたいのがいっぱいあってね。水彩画でしょう、バードウォッチング、銭湯巡り、パクリ俳句……」

「なんですかパクリ俳句って？」

自分で作るのではなく、新聞社や行政が公募で選んだ俳句から、好きなものを書き写すことだそうだ。最近では〈耳遠く　オレオレ詐欺も　困り果て〉〈検査あと　妻のやさしさ　気にかかり〉〈お迎えは　何時《いつ》でも良いが　今日は嫌〉の三つが面白かったという。なんとなく神矢さんの心境がわかるような気がする。

「これから何がしたいですか？」

神矢さんは記録魔らしく、『太郎と花子のあれこれ記録』というノートを持ち出し、「一九九四年から現在まで、（二人に）何があったか、その記録なんです」と言った。

「インドも行ったね。今は余裕ないけど、やっぱり旅行に行きたいね。地方で組合大会があれば交通費の半額が出るんだけど……」

僕が「それなら認知症の講演をしたらどうですか？　旅費は出してくれるし旅行も兼ねられますよ」と言うと、神矢さんは「ええ！」と思いっきり顔をほころばせた。

⑨ 当事者も働けるユニークな事業所の挑戦

「今」を最大限に楽しむ

十名ちかい男女が、東京・町田市の大手カラオケチェーン店にやってくると、まるでわが家のようにドアを開けてそそくさと個室に入っていった。部屋でそれぞれが食事を注文したら、さっそくマイクを握りしめている。

熱唱が終わったかと思えば、すでに別の男性がマイクを握っていた。そして、みじろぎもせずに歌い始める。

「海　その愛」「サライ」「兄弟船」「千曲川」「さざんかの宿」と、休むことなく曲が流れては競うように歌い、拍手や笑い声が狭い部屋の中に渦巻く。ときには卑猥な替え歌を歌っては、腹を抱えて笑っていた。

「話し方が下手なのに、歌はうまいね」

「なんだよ、それ、嫌味かよ」

「嫌味で言ってんだよ」

ガハハハッと笑う声が小さな部屋でこだまする。酒でもあればまさしく宴会に違いないが、残念ながら彼らが飲んでいるのはウーロン茶だ。

やがて鍋焼きうどんが運ばれてきた。これにカラオケ一時間分がついて一人五百八十円。カラオケで歌いながら昼食を食べる〝カラオケランチ〟である。

「あと十分で終了だな」

「そんなに時間が経った？　食事があるからしょうがないか」

「食べながら歌えないもんね」

「早く（曲を）入れよう」

箸を置くやいなや、マイクをつかむ。

町田市に「ＤＡＹＳ　ＢＬＧ！」（以下、ＢＬＧ）という認知症の人たちにデイサービスを提供する施設がある。ランチを食べている男性はこの施設を利用する若年性認知症の人たちで、付き添っている女性はBLGのスタッフだ。

「ビールでもあったらいいですね」と僕が言うと、「それはまずいでしょ」と、「兄弟船」など男気のある歌が好きな村山明夫さん（67）が真面目な顔で返す。歌い終わった小山伸朗《のぶお》さん（69）が「カラオケだから飲んでもいいんじゃないの？」と茶化した。小山さんは都会派で、海に憧れがあるのか加山雄三の歌が大好きだ。

「だめだよ、そりゃ。外でやってくれ」

「意外に固いんだな」

「いやいや、前にそういうところで失敗してるんだ。客が逃げるわ、注文をとれないわで、あれは最悪だったよ」と、いつも冗談を言っている村山さんが真面目に愚痴をこぼすので全員がどっと笑った。

さてこの章では、認知症の人たちの「今を生きる」をテーマに、BLGを利用する若年性認知症のある方を含む三人の当事者に登場していただく。認知症の人の不安は、症状の進行と共に過去が消え、同時に未来も見えなくなることだ。それなら「今」を最大限に楽しむことが最高の生き方になるだろう。

第二の地域を作る

ちょっと風変わりな「ＢＬＧ」を運営するのはＮＰＯ「町田市つながりの開《かい》」理事長の前田隆行さん（41）である。富士宮市の認知症施策のベースを築いた稲垣康次さんは僕にこう言ったことがある。

「前田さんは認知症に対する社会のイメージを変えるために活動してきた方です。今、メディアに流れている認知症のイメージができたのは、前田さんの功績が非常に大きいと思う」

もちろん前田さんだけの力ではないが、ここ数年、認知症当事者は介護される人のイメージから、本人中心のイメージへと変わりはじめた。それは前田さんのようなフロンティア・スピリットを持った人たちがいたからだ。

僕が初めてＢＬＧを訪ねたのは二〇一五年である。当事者が利用するデイサービスといえば、建物の中で軽い作業をしたり、ゲームをしたり、ときには花見に出かけるといった事業所しか知らなかった僕は、ここでのことはすべて驚きの連続だった。

前田さんに、ＢＬＧとはどんな場所なのかと尋ねた。即座に「生活のしにくさを障がいと捉えるなら、全員が当事者の視点に立って住みやすい社会を作ろうよ、そんな集まりの場です」と返ってきた。当事者の視点に立つなら、建物に押し込められるより、建物から出て働きに行ったり、月末には働いた謝礼金を「給料」としてもらったり、認知症になる前の生活に近づけたい。そんな当たり前のことを形にしたのがBLGなのだ。

当時、青山仁さんという当事者がいた。インタビューをお願いすると、「上司（前田さん）の許可をとってください」と真面目な顔で言ったのを覚えている。

「他の施設も見学しましたが、皆が同じものを食べていました。それが一番いやだったんです。BLGはそうじゃない。時間は制限されていますが、外に出たい人は出ていいし、残りたい人は建物に残っていいんです。すごく自由で、やりたいことがやれます。病気になって、（それまでの仲間と）疎遠になると、行くところがないじゃないですか。でも、BLGに行けば誰かいます。だから行くんだ、みたいなところがありますね。

初めてBLGに来たとき、玉ねぎの箱をどさっと渡されてね。よくわかんないうちに、一生懸命皮むきをしたら誉められたんです。それでBLGの仲間になったなと思いました。今はホンダの洗車が多いんだけど、みんなで楽しくやれる。それに、ちょっとだけどお金がもらえるんです。昔だったら、なんだこれっぽっちって思うんだけど、今はそれが楽しみでもあります」

このとき青山さんは、ポケットからしわくちゃになった封筒を取り出した。この日は「給料日」だったらしく、封筒には二千四百円ほど入っていた。「そのお金、どうするんですか」と僕が尋ねると、青山さんはニヤッと笑い、「ちょっとね」とはぐらかされてし

お茶を飲みながら、その日の活動を決める朝のミーティング

まったことが、今も記憶に残っている。前田さんが言う。

「介護保険は通所者も入所者もすべてハコモノに収め、それを社会全体で支えるんだという考えです。たとえば軽費老人ホーム（家庭環境や経済状況などの理由によって、自立して生活できない六十歳以上の人が入居できる福祉施設）は、A型（食事サービスの提供がある）、B型（自炊する）、C型（食事・生活支援サービスのついたケアハウス）に分けて高齢者を支えていきましょうということです。そこの日中サービスを切り取って始めたのがデイサービスです。だから家族の介護負担の軽減のために、家族の生活パターンに合わせて朝から夕方まで預かるというお預かり施設みたいになったんです」

前田さんはこれを壊そうとしていた。

自分のことは自分で決めたい

デイサービスの事業所は町田市だけで二百二十ヵ所、全国では約四万八千ヵ所もある。これらの事業所の中でもBLGは際立った存在だ。朝九時半にやってくると、まず血圧と体温を測ったあと、お茶を飲みながら雑談でひとときを過ごすのは他の事業所と同じだが、ここでは入浴もなく、ゲームもお絵かきも、合唱、体操といったものもない。では何をするかというと、大半のメンバー（BLGでは利用者をメンバーと言う）は外に出て活動する。たとえば、ある一日はこんなふうに過ごしていた。

午前中はまず、全員でその日の活動を決めるためのミーティングを開く。最初にやることは、その日にできる仕事のメニューをメンバーに提示し、やりたい仕事を選んでもらう。この日は定番の洗車、ミニコミ誌の配達（ポスティング）だったが、学童クラブでの読み聞かせや近所の雑草取りといった仕事もある。

これらはボランティアではない。わずかだが報酬もあり、月末には一ヵ月分の「謝礼」が支払われる。「対価があるから真面目に仕事をするんだよ」と村山さん。報酬はわずかでも、それが仕事人としての自覚を生み出すのだろう。

認知症の人が働いて謝礼をもらう？　なんて驚く人もいるが、デイサービスの一環として有償の「仕事」を提供する事業所は、今のところＢＬＧだけである。

希望する仕事が決まれば、スタッフと一緒に現場へ向かう。

この日は近所のホンダ販売店で、展示車に水を掛けて拭きあげる仕事に同行した。単純な仕事なのにたわいもない話をしながら実に楽しそうである。僕が小山さんに「洗車なんて楽しいの？」と言うと、「楽しいよ。私はタクシーの運転手をしてたから慣れてるし、それに仲間と話ができるじゃない」と丁寧に車を磨いていた。

昼食は基本的に外で食べるか弁当の購入となるが、何を食べるかは、これも朝のミーティングで決める。この日は全員が冒頭のカラオケランチを選んだのだ。

ランチから戻ると、午後をどう過ごすか、再びミーティングが始まる。桜が満開の時期なら花見、梅雨時なら近所の寺でアジサイ見物。先日も東京・調布市の深大寺《じんだいじ》そばを食べに行ったという。この日は文字通りの小春日和で、近所の公園が紅葉しているというので見に行くことになった。

ＢＬＧの建物は、いわばベースキャンプのようなものだ。大半のメンバーは建物の外へ出て活動し、終われば戻ってくる。これだけでも極めてユニークな事業所なのである。

ＢＬＧを利用している人の大半は若年性認知症を抱えている。数年前まで働いていた人たちだから、認知症になっても自分のことは自分で決めたい。働く気力もあるから、働くことで社会とつながると同時に対価も得たい。昼食も与えられるのではなく、仕事をしていたときのように、何を食べるかは「自己選択、自己決定」したい。認知症の人にとって最大の願いが、認知症になる前に戻ることだとしたら、たとえ不可能でも、BLGは限りなくそれに近づけようとしていた。

「下の娘がBLGを探し出してきたんです。俺はあんまりデイサービスなんて行く気はなかったけど、見学に来たら他所《よそ》と違って仕事をさせていたんで、いっぺんに気に入りました。洗車が好きかって？　そりゃ洗車でも仕事をするのは面白いよ。洗車がなくなったら、ここの魅力は半分だね」

先ほどのカラオケ店で熱唱しすぎたのか、村山さんはときどきしわがれ声になる。

村山さんは、企業向けの電話交換機を売る営業マンだった。毎日帰るのが遅く、「帰ったら嫌味で〝おはよう〟って言われた」ほどの猛烈サラリーマンだった。

認知症と診断されて辞めたのか、あるいは退職してから診断されたのかは本人も覚えていないが、六十二歳になった二〇一三年に「初老期におけるアルツハイマー病」と診断された。もちろん症状はそれ以前からあらわれていたはずで、こんなことを語っている。

「今でも忘れないよ。散歩中に道に迷ってね。林の中をうろうろしていたら、防災無線から、『青い服を着たムラヤマアキオさんという方が……』なんて流れてくるんだ。誰を呼んでいるんだろうと思ったら、俺なんだよ。慌てたね。家を出たのに帰って来ないもんだから、女房が市役所に電話したらしくて……、そんなことが何度かあったよ」

村山さんには娘が二人いるが、妻も二人の娘も医療関係の仕事をしているから、当然認知症を疑ったはずである。

「MRIを撮ったら脳がカスカスで、穴だらけなんだ。そりゃショックだったよ」

しばらく引きこもりの状態が続いたが、刺激があれば症状も進行しないだろうと、パソコン教室に週四日通ったり必死に散歩したりもした。しかし娘二人は結婚して独立しているし、妻は働いているから日中は独りぼっち。次女がそんな父親を見かねてBLGを探し出してきたそうだ。

「まさか仕事をするとは思わなかったけど、そのうちハマるんだよ。仕事していたほうが楽しいというのが自分の中にあるんだろうな。それにここは同じ年代の仲間がいるだろ？　みんな認知症で、同じように苦労しているんだというのが何となくわかって安心できるんだ。ここがなかったら、家で独りぼっちだよ」

BLGにいると頻繁に笑い声が聞こえる。その半分が村山さんだから、明るく穏やかで話しやすい人に映るのだが、何かの拍子に鋭い目つきを発見してヒヤッとすることがある。それがなぜなのか僕には知りようもないが、どこかに不安感や焦燥感を抱えた別の村山さんがいて、それを笑うことでそっと隠しているようにも思えた。

現在は要介護3で、週に三回通っている。散歩が大好きで今も一日に軽く三時間は歩くそうである。「へえ、二万歩は軽いですね」と言うと、村山さんは「いや三万歩です」、しれっと言った。最近は以前のように迷わなくなったという。

「あるとき、迷ったら右や左をうろうろするんじゃなく、元に戻ればいいんだとわかったんです。あとは決めたルートから外れないこと。それからは迷わなくなりました。ときどき知らない道を冒険したくなるけど、ね。今は以前のような不安もなくなったし、まあ、普通の生活ではないけど、それに近い生活ができてるかな。満足してますよ」

二〇一五年に認知症啓発イベント「RUN伴《ラン とも》」で沖縄に行ったとき、酒を飲みに外出したまま行方不明になり、大捜索になったことがある。本人によれば「ホテルの部屋に携帯を置いて、外で古酒《クース》を飲んでいたら帰るホテルがわからなくなった」そうである。ホテルの名前がわからず、飛び込みで別のホテルに宿泊した。さあ大変、村山さんが行方不明になったということで、チラシまで印刷して大捜索になった。

翌朝発見されたが、地元紙に〈認知症男性不明30人捜索し発見〉の見出しで一面を飾るという武勇伝が経歴に加わったのだ。それが今も気になるらしく、昨日のことは忘れてもこれだけは忘れないのか、「沖縄の……」と言っただけで、「ああ、熱が出そうだよ」と腰が引けてしまう。

厚労省がようやく認可した金銭授受

BLGを運営している前田さんは、大学を卒業してある福祉公社に就職すると、認知症対応型デイサービスの管理者に就いた。そこで比較的若い当事者が集まって「おりづる工務店」を立ち上げた。文字通りの工務店ではなく、施設内のグループの名前である。「体が動くのに、部屋の中で折り紙や塗り絵や合唱なんてつまんない。それより外で働きたいんだ」という若い当事者の声に応えたいと思ったからだ。

「おりづる工務店」をベースに、ボランティアで保育園の仕事を請け負ったり、古民家の補修をしたり、ときには温泉で遊んだこともあった。当時はまだ若年性認知症という言葉は使われておらず、初老期認知症とか早発性認知症と呼ばれていた時代である。そんな若い認知症の人たちを集めて取り組む事業所はなかったから、かなり異色の存在だったのだろう。メディアの注目を浴び、さかんに取り上げられたという。

やがて当事者の間から、働くなら対価がほしいという声があがってきた。

「賃金があったほうが働きがいもあります。ところが、介護を受けているのに働けるはずがないと思われているから、国は金銭のやりとりを認めませんでした」

僕は「就労継続B型ではだめだったんですか?」と尋ねた。

「基本的な考え方からすると、B型は障がいの区分に認知症と診断された人たちは入っていません。障がいのあるすべての人は、いちど仕事を覚えてしまえば、あとはルーティーンワークで繰り返すことができるという前提の人員配置であり給付なんです。それを、たとえば介護が必要な状況でも働きたいとなったとき、そこをサポートしていくにはそれなりの人員も必要ですし、給付も必要です。そこはB型と合わないんです。それにB型の事業所と介護保険事業所は制度が違うので、同一施設であっても、それぞれに人員を満たさないといけないので、倍の人件費がかかるんです」

前田さんは何度も厚生労働省に足を運んだ。そして、ようやく認めてもらったのが五年後(二〇一一年)だった。「あれはほんとに長かったですね」。

ところが、通達が出る前に福祉公社を辞めていた。というより、そこで働くことが辛くなったという。

「あまりにも自由にやりすぎて、目の上のたんこぶになったんですね。年一回の職員全体会議で、カメラ好きの当事者をヨドバシカメラに連れて行ったことを、『音がうるさいし、本人は不安になるだろうが』と批判され、これまでやってきた活動を『いいと思っているのか!』と全否定されたんです。この法人にいるのは辛いなぁと思っていたときに異動があってケアマネージャーの管理者を命じられたのですが、ケアマネは自分に合ってないと思ったから、じゃあ、辞めちゃえとなったんです」

認知症の人が働いて対価を得ることを厚労省が認めたのはその頃だった。

ちなみに、謝礼の受け取りの可否について、平成二十三年四月十五日付で厚生労働省老健局高齢者支援課から各自治体に出された「若年性認知症施策の推進について」という通達には、条件付きで〈ボランティア活動の謝礼を受領することは、（略）差支えない〉と書かれている。

条件としては

〈賃金に該当しないこと〉

〈見守りやフォローなどを行うこと〉

そして、謝礼は若年性認知症の人に対して支払われるもので、介護サービス事業所は受領しないこと、だった。

画期的な通達だった。当然、前田さんは誰かがやるだろうと期待したのに、誰もやらない。それなら自分でやるしかないと、二〇一二年にBLGを立ち上げた。それから五年以上も経つが、なぜかあとに続く事業所があらわれない。そのことで腹立たしい思いをしてきた。

アマチュア無線、ヨット

クヌギやコナラが見事に色づいた公園から戻ってくるとティータイムである。テーブルの脇で、小山伸朗さんと町田克信さん（66）が差し向かいで雑談をしている。そこに僕が強引に割り込み、自宅での過ごし方から順に尋ねた。

「私はアマチュア無線だね。アンテナを立てて固定局でやってるんだけど、ときどき適度な運動を兼ねながら、近場の山に登って無線を飛ばしています。高いからよく飛ぶんですよ」と町田さんは言う。

「独りで行くんですか？」

「もちろんです」

「迷いませんか？」

「だいたい高尾山《たかお》とか陣馬山《じんば》で、子供の頃から登っていますから迷わないです。私は臆病ですから、別の道を登って冒険したいと思っても実行しません」

「生まれも育ちも大正天皇の多摩御陵のそば」で、周辺の山々は子供時代の遊び場だったそうである。

町田さんは、長く電気機器の安全試験に携わってきた。定年退職する一年ほど前に、物忘れが激しくなったので診てもらったら、アルツハイマー型認知症だった。夫婦で前田さんの講演を聴きに行ったとき、うっかり落とした手帳を、偶然にも前田さんが拾ったことが縁で、二〇一五年十月からBLGに通うことになる。現在は要介護1である。

町田さんが書いた作文を見せてもらったが、カチッとそろった文字が、まるで印刷したように枡目に収まっている。町田さんの几帳面な性格があらわれていた。それだけではない。書いた内容が冷静ですごいのだ。たとえば——

〈認知症は、現時点では残念ながら進行を遅らせる事しかできない。手術をすれば治るという病気ではないので、「病を受けとめ、共に歩むこと」が大事である。現実には、記憶力がだんだん落ちてきたり、慣れない事柄に対応が難しくなる等不安を感じることが多いが、まずは、なるべく心の状態をハッピーに保ちながら、自分が楽しいと感じることをするのが重要だ。

認知症に理解の無い人は、病気について一方的な見方をして、全面否定するような傾向がある。けれど、時間をかければできる事もあるので、自分が困った時、周囲に思いを伝える事が大切だ。なるべく活動できる場所を多く持ち、忘れる事を恐れずに、いろ

いろな情報をどんどん入れて、循環させれば良いのだ。そして自分らしく正直に生きよう！〉

「これって自分で考えた文章ですか？」

「ええ、私の本心ですね。もう治らないんだったら、こうするしかないと思って書いただけです。予期しないことがどんどん起きてきても、病気だからしょうがないなって感じでずっと付き合うしかないですからね」

深い言葉に、僕は継ぐ言葉が見つからなかった。

「小山さんは料理だそうですね？」

さっきから発言の機会がなくて、退屈し始めた小山さんに尋ねた。飄々《ひょうひょう》としていて語り口もソフトだ。

「料理は趣味じゃないよ。うちは娘と女房と三人家族だけど、二人とも働いているから、帰ってくる前に味噌汁とご飯を炊いて準備しておくだけだよ。おかずは女房が買ってくるからすぐ食べられるだろ」

横で町田さんが「へえ」と感心している。小山さんが続ける。

「本当はヨットをやりたいんです。NCR（レジスターを製造していた日本NCR）の工場に勤めていたときは、仲間五、六人と同好会を作ったんです。琵琶湖での全日本大会に出場して入賞したこともあります。今は無理だから、たまに葉山とか江の島を散歩しながらヨットハーバーのヨットを眺めてますよ」

小山さんは「アルツハイマー型認知症と前頭側頭葉変性症が混在している」と診断されて要介護1だ。BLGに来たのは二〇一六年一月。介護保険の認定を受けたのがその数ヵ月前だが、会社へは二〇一四年まで週二回通っていたというから、症状があらわれたのはそれより前だろう。しかし小山さんには記憶がない。

妻がフルタイムで働いているため、仕事を辞めたら日中独居になる。家族はそれが心配でBLGを探し出したという。

BLGの前に見学したのが高齢者のデイサービスだったらしく、介助されながら入浴するのを見て衝撃を受けたそうである。まだ体力も十分な男が超高齢者と同じように扱われることに我慢ならなかった。BLGもそうだと思い、最初の頃は、迎えが来てもどこかに逃げて姿を見せなかった。ところが彼も、BLGでは洗車という仕事があると知って納得したらしく、それからは休んだことがない。

「言葉が出にくい」と診断され、当初はしゃべりにくそうにしていたが、考え方が前向きになってから、今は普通に言葉も出るようになったという。

小山さんの口からは、過去にNCRの工場で大型コンピューターの管理をしていたことやオハイオ州デイトンの本社を見学したこと、それ以外に長野県で畑を耕していたことや公園の管理人、タクシーの運転手といった職歴が次々と出てくるが、その職業をどんな順序でたどったのか、記憶が錯綜《さくそう》していて定かではない。最初は「五年ほどタクシーの運転手をやってたけど、認知症になって辞めたのかな」と言っていたが、次に会ったときは「さあ、何やってたかな」という具合である。ただNCR時代はよほど楽しかったのか、休日になると江の島に繋留《けいりゅう》していたヨットで葉山まで行って食事をしたことなどを昨日のことのように覚えていて、ヨットの話題になると普段の仏頂面が嘘のようにほころぶ。

仲間がいる場所

「認知症と言われたときのことは覚えていますか？」

「女房と一緒に病院に行ったけど、認知症と言われても、よくわからなかったね」

「実感がなかった？」

「別に困っていることはないいし、散歩してもウロウロすることもなかった気がする」

覚えていないのかもしれない。僕は話題を変えて、「ここに来るのが楽しみですか？」

と尋ねた。すると小山さんは「そりゃ、楽しみだよ」と笑みを浮かべ、「嘘もたまに言ったりして楽しんでますよ」と相好を崩す。町田さんもうなずきながら「ここは私たちの居場所ですよ」と言った。すると小山さんは「みんな仲間だからねえ」と相づちを打つ。

「俺が俺がという人が出てくると困るけど、みんな楽しくやってるから居心地がいいんです。居場所がいい場所になっているんです」と町田さんは笑った。

認知症を「地域で支える」と言われるように、最近の認知症施策には「地域」がキーワードになっている。しかし、サラリーマンにとって親しい仲間がいるのは会社であって、自宅がある「地域」にはいない。それなのに、認知症と診断されて免職ともなれば、社会とのつながりも、仲間とのつながりも、会社という居場所も失ってしまう。すると「地域」と隔離されて、やがて孤立する。

「近所に親しい友人はいないのですか？」と僕が尋ねる。

小山「近所に親しい友人？　普通に会話をしていますが、私に認知症ですか、なんて尋ねる人はいません。それに、そんなに親しく話をする人は近所にいないですね」

町田「そうだよね。話をしてもすぐにはわからないけど、ここ（ＢＬＧ）で話をするような人はねえ……」

小山「でも、ここに来たら気軽に話ができるでしょ。みんな仲間だから」
町田「楽しくて居心地が良いんです。どんな話でも抵抗なく話せるでしょ？　それに自由だからいいんです」
小山「みんな気持ちは同じですよ」
町田「気が合わなかったら、居づらくなって辞めます」
小山「年齢も同じぐらいだからいいんじゃないの？」
認知症になったことの辛さは、症状の進行もあるが、それまで繫がっていた仲間が一人二人と去っていくこともそうだ。やがて独りぼっちになって、どこにも自分の居場所がないとわかったときほど辛くて不安なことはない。ＢＬＧは、そんな彼らに楽しい仲間がいる居場所を提供していた。だから彼らは休まずやってくるのだろう。
「今やりたいと思ってることはありますか」と僕が尋ねた。
町田「もっと若かったらやれることもあるけど、今となったら……」
小山「夢見てもいいんじゃないの？」
町田「やれるとしたら無線を本格的にやってみたいかな。それができなくなったら山登りをしたいけど、今は無線かな」
町田さんは、４００ccのバイクに無線機を載せて東名高速道路を何度も往復したことがあるという。「楽しかったよ」と夢を見るように言った。
小山「私は、可能ならもう一回ヨットに乗ってみたいですね。BLGでメンバーを集めてやろうかなんて冗談で言ったことがあるけど、もう歳だからねえ……」
最後は聞き取れないほど小さな声で言った。
「やれることがどんどんなくなっていくというのは淋しいねえ」と町田さん。
先ほどから村山さんの笑い声が聞こえていたが、いつの間にか僕のそばに座っていた。
村山「俺はね、うちの近所にBLGがあって、風呂がついていて、好きなときに行ける。それが最高だね」
町田「おお、それはいいですね」
小山「じゃ、一緒に風呂に入ろうか」
町田「いいんじゃないの。みんなで入ろうよ」

左から町田克信さん、村山明夫さん、小山伸朗さん

子供たちがぞろぞろ入ってきた。近所の小学生だ。BLGでは「だがしやさん」という看板も掲げている。十円や二十円の駄菓子が並んでいて、授業を終えた子供たちはそれを目当てに

やってくる。子供たちには大人気だ。駄菓子屋は、子供を通じて社会とつながる窓であると同時に、子供たちに認知症のことを知ってもらえる場所でもある。この日は五十人ちかい子供たちがやってきて、小山さんもそそくさと子供たちのほうに向かった。

自治体に変化を求める

二〇一七年、八王子市に「DAYS BLG!はちおうじ」がオープンし、近いうちに横浜でも立ち上げる予定だ。横浜といっても、町田のBLGの三十メートル先がもう横浜市である。今上天皇のご成婚を記念して開設した「こどもの国」のそばを予定しているというから、歩いて行ける距離にある。

ところが生活圏は近くても、町田市と横浜市では認知症ケアの世界がまったく違う。たとえば、横浜市ではデイサービスを利用しながら自由に外出できない。これは川崎市も同じである。BLGのように、紅葉がきれいだから見に行くというのは、当たり前のように見えて、実はそれを認めている自治体は全国でも半分以下といわれる。外で働くとなると論外である。最近になってようやく奈良市と福岡県大牟田市の事業所が手を挙げたばかりだ。そんな横浜市に、なぜあえてBLGを開設するのか。前田さんは言う。

「認めていないなら戦うしかありません。波紋を起こすわけです。横浜市が認めると、隣の川崎市も動きます。自己決定権、今ある能力の活用（＝自立支援）、生活の継続性は認知症に限らず、高齢者ケアの三原則です。自立支援も生活の継続も自己決定が大前提です。介護保険法の前にできた老人福祉法では、自立支援は自己選択と自己決定が大前提であって、そのうえでの就労であり社会参加でした。それが介護保険法になると、就労も社会参加もなく、なるべく住んでいるところで生活できるように維持回復できればいいと変わったのです。なぜ時代は逆行したのか、と言う方もいます。老人福祉法の理念からすれば、外出程度でもめるのは次元の低い話なのですが、本来の理念を示すにはこうするしかないんです。あえて横浜市で立ち上げるのはそのためで、将来は各政令指定都市に一ヵ所開設を目指します」

「今を生きる」若い認知症の人たちの笑顔を全国に広げたい。前田さんからそんな意気込みを感じる。

⑩ 誤解と偏見を越え、再就職をめざす

面接官の表情が変わった

館内は人いきれで酸欠になりそうだった。ざわざわとした音が体にまといつく。東京・渋谷区千駄ヶ谷にある東京体育館のメインアリーナは人であふれていた。この日は毎年開かれるハローワーク主催の「障害者就職面接会」である。障がいのある人たちが、会議用テーブルをはさんであちこちで面接を受けていた。

体育館の競技フロアーには企業ブースがズラッと並び、たくさんの障がい者が希望する企業のカードを持ってブースの前で列をなしている。認知症だけでなく、ダウン症やうつ

病や身体に障がいがある人もいて、多い時は一社に百人ぐらい並ぶこともあり、順番が遅くなると、一日かけても二、三社で終わってしまうこともざらだそうだ。

ある大手製薬会社にいた中田哲行さん（57）も、大勢の求職者と一緒に神妙な顔で面接官の前に座っていた。

「どうしてわが社を選んだのですか？」

「マーケティングの仕事をしていたので、こちらの業務ならできると思いました」

「パソコンはできますか？」

「はぁ、難しいかもしれません」

中田さんは少し迷ったが、エクセルの取り扱いに自信がなかったし、データ入力は少し難しいかもしれないと考え、正直に答えた。

「どういう職種を希望ですか？」

「これまでの経験を活かした事務職を……」

そこまで言ったところで、中田さんの履歴書を見ていた面接官が「あっ」と声を上げそうになった。〈認知症〉という文字を見たのだろう。一瞬で表情が変わった。

中田さんは、二〇一五年に五十四歳でアルツハイマー型認知症と診断された。診断されるまでは大手製薬会社でマーケティング担当の部長をしていたから、その経験を活かしたいと考えているが、今はそんな余裕もない。この日も銀行や不動産会社など、自分にできそうな企業を選んで次々と面接を受けた。

面接時間は一人五分前後。希望者が多いと三分以内に短縮されることもある。

中田さんはこれまで障害者就職面接会に二度応募し、面接した企業は延べ三十社を超えた。不採用なら〈今回は採用に至りませんでした〉と書かれた書面が一週間以内に届くが、採用されたときの文面はまだ知らない。

「自分が責任を持ってやれる仕事があれば自信にもなるのですが、これだけ不採用が続くと、さすがに落ち込みます。最近は『もうええわ！』って感じです」

口惜しさがあふれるような口ぶりで言った。

自ら降格、そして退社

前章に登場したＢＬＧの前田隆行さんから、中田哲行さんという若年性認知症の男性が、「ＢＬＧはちおうじ」に介護保険外で通っていると聞いたのはずいぶん前のことである。「ＢＬＧはちおうじ」とは、「ＤＡＹＳ　ＢＬＧ！」の活動に賛同して、守谷卓也さんが八王子に開設したデイサービスだ。いずれ問い合わせてみようと思っていたら、たまたま町田市で開かれた認知症の勉強会で中田さんと出会ったのだ。そこで初めて挨拶をしたのだが、その一ヵ月後に会ったら、中田さんが僕の顔を見て開口一番にこう言った。

「やあ、奥野さん、この前はどうも」

僕は飛び上がるほど驚いた。

アルツハイマー型認知症なのに、一ヵ月前に会ったことだけでなく、僕の顔も名前も覚えていたのだ。

「ええ？　僕を覚えているんですか？」

「たいていのことは暗記すれば忘れません。初めての場所でも、一度か二度行けば絶対に忘れないです」

唖然とする僕を見て、中田さんはニコニコしていた。こうして僕のインタビューが始まったのである。


中田さんは一九六〇年に兵庫県の尼崎市で生まれた。大学卒業後は製薬関係の会社で営業一筋に歩んできたが、この業界に入るつもりはまったくなかったという。

「営業が好きだったんですか？」

「とんでもない。しゃべるのが嫌いなんです」

「それがどうして営業ですか？」

「僕は、小学校から大学まで書道をやっていました。行草《ぎょうそう》という崩した字が得意で、展覧会にもよく出品していました。将来は書家になりたいと思っていたのに、三人兄妹の長男だったせいか、おふくろに『それだけはやめてほしい』と泣かれたんです。書家では生活が安定しないと思ったのでしょう。結局、サラリーマンになるしかないと思い、医薬品を販売する会社に就職したのですが、別にやりたい仕事じゃないから毎日が辛かったですね。人前で話すのも嫌だし……、泣きそうでした。それでも稼ぐしかないと思って、営業で頑張って頑張って、三十五歳で所長になりました」

やがてこの会社は海外の製薬会社に買収され、中田さんはそこでマーケティングの仕事についた。

「僕が扱っていた薬は、海外でしか製造してなかったから、日本での需要を予測しないといけない。多すぎたら在庫が増え、少なければ欠品になります。その予測をマーケティングでやっていました。ただ、データも大事ですが、最後は自分のカンですね」

ところが二〇一四年頃から、物忘れをすることが増えてきた。中田さんには「パソコンのデータをどのフォルダに入れたのかわからなくなった」ことぐらいしか思い当たらず、どんな物忘れがあったのか確かではない。そこで、中田さんの代わりに妻に当時のことを思い出してもらった。

「私の記憶の中で最初に異変を感じたのは、自宅の電話の保留音を解除する方法がわからなくなったことです。『わからない！　どうするの？』と言われ、『えっ？』と思った記憶があります。また、それまで出張の支度はすべて自分でしておりましたのに、支度に時間がかかるようになり、何度も荷物を出し入れしていた姿を覚えています。会社から支給されたスマホの使い方を忘れ、『やり方がわからない！』と怒りをあらわにしたこともありました。

社員証を忘れて会社のビルに入れず、次に来る社員を待つこともあったようです。出勤後、会社から『携帯忘れてないか？』といった電話があったり、大切な書類を会社の近くまで届けたりしたこともありました。それまで、身の回りのものはきちんと整理整頓していたのに、細かいものを探し回る姿が目立つようになりました。

ある時、本を爆買いしたことがあります。紙袋に入れたまま自宅の机の下に置いてありました。中を見ると同じ本で、本の多さと、同じ本があることに驚きました。

またある日、私が帰宅したら、先に主人が帰宅していて『これから忘れ物を取りに行く』というのです。会社の帰りに新宿でスイーツを購入し、自宅近くのスーパーに立ち寄った際に忘れたということでした。実はスーパーのレジで精算を終えたら、自分が買ったスイーツであることを忘れ、他人の忘れ物と勘違いしてレジの店員に忘れ物として届けたそうです。帰宅してスイーツがないことに気づき、『あれ（スイーツ）は、俺が買ったものだから返してもらいに行く！』と、まるで子供が駄々をこねているかのようでした。

人にお伝えするのはまだまだ辛いことなのですが、人様のお役に立つのであればと思い、お伝えします」

こうしたことが続くと、さすがにサラリーマンとしてまずいと思ったのだろう。中田さんは近所のクリニックで大学病院を紹介してもらい、検査入院した。

「腰椎穿刺《ようついせんし》で髄液を抜いて検査をしたんです。それでカクタイ……いや、違う」

「確定したんですね」と僕は言った。

中田さんはアルツハイマー型認知症と診断された。五十四歳だった。

「僕の人生はなくなるな、と思いましたね」

診断結果は会社にも報告したが、「これまで一生懸命仕事をやってきたんだから、椅子に座っていればいいよ」と言われたという。だが実直な中田さんは、「部長がそんなことはできません」と断った。

製薬会社に長年勤めていたのだから、認知症のことはよく知っているつもりだった。

「決裁もあります。このままでは会社にご迷惑をおかけします。職務を降ろしてください」と上司に進言して部下と代わってもらった。ところが、中田さんでなければわからないこともあり、そのまま同じ部署に残って部下に教えていたという。

それからしばらくして、言い訳のできない決定的なミスが起こる。

「香港の学会に出席して、帰国の翌日にプレゼンすることになっていました。そのとき使ったスライドは自分で作成したものではなかったのですが、いつもなら問題はないのに、頭の中が混乱したのか、ひと言もしゃべれなかったんです。人前で話すのは苦手だったとはいえ、三百人ぐらいのお医者さんの前でも普通にプレゼンしてきたんですよ。それなのに……ものすごいショックでした。アルツハイマーと診断されて、メンタルが落ちていたのかもしれませんが、自分の脳がどうにかなったのではないか、これではもう仕事なんてできないと思いましたね。

自分がこれからどういう風になっていくのか、怖かったですね。僕も認知症に偏見を持っていましたから、認知症になったら数年で何もわからなくなってしまうと思っていました。だから、そんな姿をみんなに見られるのが嫌だったんです。翌年の一六年三月付けで退社しました」

僕が「精神的に辛かったのは診断されたときですか?」と尋ねると、中田さんは「それもありますが、やっぱり会社を辞める頃がいちばん辛かったですね」と言った。おそらく、長年勤めてきた会社を去ることに躊躇しながら、迷う気持ちをなんとか抑えて最後の決断をしたのだろう。

この年、中田さんの診断結果は要介護2だった。

記憶に残ったロールプレイ

転勤が多かったため、中田さんには自宅を買うという発想がなかった。当時住んでいた建物も会社が借りあげたもので、退職と同時に転居しないといけない。中田さんには三人の息子がいて、三男だけがまだ大学生だったから、とりあえず三男のいる東京・多摩市に引っ越すことになった。

「それまで忙しいときは朝七時に出社して、帰るのは夜九時頃でした。それに学会があるのは週末で、短くても金曜日から日曜日、長いと木曜日から連泊でやるんです。転勤も多かったし、単身赴任もありました。でも、稼がなければ三人の子供をいい大学に行かせられないと思っていましたから苦にはなりませんでしたが、忙しくて、子供連れで家族旅行した記憶がないのが残念です。

それが突然仕事を辞めたんです。困りました。家にいてもやることがないでしょ？　それで、家内がネットで町田のBLGを見つけてくれて見学に行ったのですが、当時はまだデイサービスに行くという気分にはなれなかったんです」

ところが家にいても、妻がパートに出かけている午前中に、妻の代わりに洗濯をするのが関の山で、引っ越したばかりの多摩市に知り合いもいないから、誰かが訪ねてくることもなかった。仕事中毒のサラリーマンだった人にとって、何もすることがないほど辛いことはない。

精神的に少し落ち着くと、紹介者を通じて東京・目黒区のデイサービスに通うことにした。ところが、ここは中田さんの肌にはまったく合わなかった。

「そこへ行くには、ラッシュの中を一時間も電車に乗らないといけないんです。午前中は清掃ボランティアとか、週一回の見守りサポーターをするのですが、わざわざ多摩市から通って、なぜ目黒区の掃除をしないといけないのか理解できませんでした。午後は陶芸や革細工の作業をするのですが、不器用な僕には苦痛なだけなんです」

見守りサポーターというのは、いわば安全パトロールのようなものだが、デイサービスの利用者だとわかるようなマークが付いたカバンを持たされたという。

二〇一七年八月、日本認知症ワーキンググループのミーティングに参加したとき、「BLGはちおうじ」の守谷卓也さんと出会った。

ここなら中田さんの自宅から電車を乗り継げば三十分ほどで行ける。それに活動も面白そうだった。

「ランチも自分の好きなものを選べるんです。それにいろんなイベントに参加できて、普通のデイサービスじゃないですよね。少し前に、小学校へ認知症サポーター養成講座の講師で行きました。授業で認知症について学ぶんでしょうね。町で迷っている認知症の人がいたら、どういう風に対応しますかという芝居をやったり……」

このあたりは同行した守谷さんに解説してもらう。

「地域包括支援センターから依頼されて行ったんです。そこで、認知症の人が道に迷って家に帰れないという設定でロールプレイをやりました。近所のおじさん役の中田さんが、顔見知りという設定の女の子に言うんです。

『家に帰りたいんだけど、道に迷ったんだ。道を教えてくれないかな』

するとその女の子は『今日はおうちまで一緒に帰りましょう』と言って一緒に帰りました。すべてアドリブです。大人は『あっちですよ』と指をさして終わりですが、子供はそうじゃないんですね。そのあとがすごかったんです。

『また今度も間違えちゃうかもしれないから、私と一緒に地図を作りましょうよ』

ヒントも与えていないし、すべてぶっつけ本番。大人は絶対にこんなこと言いません。鳥肌が立ちました。中田さんもその印象が強く、ずっと記憶に残っているんです」

地域密着の壁

中田さんは、「BLGはちおうじ」にいると時間が経つのを忘れるという。

しかし彼は正式な利用者ではない。ここは介護保険外だから、弁当代だけ払って、守谷さんの好意で来ているのだ。中田さん以外にも、国立《くにたち》市から七十五歳のレビー小体型認知症の女性も介護保険外で通っている。目黒のデイサービスよりもはるかに近いのに、なぜ中田さんは「BLGはちおうじ」を利用できないのだろうか。

介護保険制度に地域密着型サービスができたのは二〇〇六年。「住み慣れた自宅又は地域で生活を継続できるように」というのがその目的である。そこへ小規模なデイサービス（地域密着型通所介護）が加わったのは一六年だった。

確かに地域に密着することは重要だが、問題はその「地域」を、生活圏ではなく、行政圏で区分したことである。つまり利用者を、原則として要介護認定をした市区町村の住民に限定したために、市外の住民は利用できなくなったのだ。

たとえば、中田さんが住む多摩市には若年性認知症のデイサービスがない。そこで、八王子市のBLGに通おうと思っても、サービス事業者である市町村が違うから介護保険が使えない。

中田哲行さん。普通の住宅を改装した「DAYS BLG！はちおうじ」の前で

さすがに厚労省もこれはまずいと思ったのだろう。「周知」[*1]を出して、市町村の同意があれば「広域利用」ができるとしたのだが……。前述の守谷さんが言う。

「市町村レベルで提携を結べば利用は可能です。実際に、国分寺市は隣接市の立川《たちかわ》市・国立市・府中市・小金井市・小平市との間で事前同意不要協定を結んでいます。そうしないと若年性認知症の人は行くところがなくて引きこもってしまう可能性もあるので、厚労省は越境して行ってもいいと、周知を出して認めています。ところが、多摩市がいいと言うのに、八王子市がうんと言わないから、中田さんは介護保険が使えないんです」

問題は、〈市町村長間の協議により事前の

同意があるとき〉、もしくは協議で〈所在地市町村長の同意が不要とされた場合〉[*2]という条件がついていることだ。つまり、多摩市が連携したいといっても、八王子市が断れば利用できない。自分に合ったデイサービスが目の前にあっても、市境という行政の壁があって使えないのである。

地域って何だろう。いまや当たり前のように使われる「地域密着」の在り方が、あらためて問われているように思う。

治療薬の治験に参加して

守谷さんは中田さんに、いつ来てもいいよと言うが、介護保険で「BLGはちおうじ」に通っているわけではないから、やはり遠慮するのだろう。だからといって、自宅にいてもすることがない。講演の依頼があれば原稿を作成するが、新しい土地だから話をする相手もおらず、あとはランニングやウォーキングをするぐらいだという。ただ中田さんは、独りでいても、それほど困ることはないと言った。

「何時に来てほしいと言われても、『駅すぱあと』で検索して、どこにでも行きます。スケジュールはスマホで管理していますから混乱することはありません。たとえば今日だと〈奥野さんと面談。駅の東口で11時に待つ〉と入れておきますから間違えません。

あとは文字の練習を兼ねて日記を書いています。もともと書道をやっていたので、きれいな字を書いていたのに、今は汚くなりました。使っているのはダイソーで売っている日記帳で、一ページに二日分あるから、書く量が少なくてすむんです」

「日常生活でミスをしたことはないんですか？」

「どんなミスですか？」

「たとえば買い物に行ったけど帰れなかったとか……」

「それはないですね。初めての場所には、僕のパートナーが付いてきてくれますが、いつもというわけにはいかないから、独りで行くこともあります。やっぱり『迷うかな』と、不安になることはありますが、そのときは元の場所に戻るんです。絶対に前には行きません。必ず後に戻ることとです。先日も日野市のイベントに参加するのに、スマホで地図を検索して駅から歩いたのですが、歩いて八分なのに、いつまで経っても着かない。迷子になると思ったので、途中で折り返しました。独りでも行けると思ったけど、無理だったですね」

「以前のように今も忘れ物はしますか？」

「今はほとんどありません」

「なにか工夫をしているから？」

「そうですね。時計とかメガネとか、自分の身の回りのものは、家の中の大きなカゴに全部入れるんです。だから、そのカゴを見れば必ず入っているはずなんです。それをルーティーンにしてしまえば、これから症状が進んでも問題にならないですよね。あとは置く場所を全部決め、家の中のどこに何があるかを全部覚えました。道順も一度覚えたら忘れないし、昔の同僚に会っても名前や顔は覚えていると思います」

「長谷川式はどうでしたか？」と僕は尋ねた。

長谷川式認知症スケールの点数も、「最初は悪かった」そうだが、「一度覚えたら忘れない」ので、二度目からは満点だという。中田さんは、「僕は勉強が好きじゃなかったので、全部音読で頭に入れました。プレゼンもそうです。何回も練習して覚えたんです。長谷川式もそうです」と説明するのだが、僕は「それが不思議なんですよ」と言った。

すると中田さんは、こんな話を始めた。

「一六年の春頃に、認知症の薬の治験に参加しました。外資系の製薬会社がやっているもので、たぶんフェーズⅡ（臨床試験の第二段階）だったと思います。これは注射なんです。一回、二回、四回投与のグループに分け、私は二回のグループでした。投与はその年で終わったのですが、一七年の秋に国立精神・神経医療研究センター病院で検査してもらったら、アミロイドβ（アルツハイマー型認知症の原因ではないかとされる、たんぱく質の一種）が減っていると言われました。同世代の健常者と同じぐらいの記憶能力があるそうです」

現在、日本の製薬会社とアメリカの製薬会社がアミロイドβの蓄積を減少させる薬の臨床試験をしているが、それらの企業とは違うらしい。

僕は「中田さんの住所を書いていただけますか？」と言ってノートを差し出した。するとわずか二十秒ほどでサラサラッと書いた。中田さんの記憶はたしかだ。

「記憶力が衰えていないのはその治験の効果ですか？」

「あるかもしれません。自分で実感しているのは、治験の前は階段を降りるのが怖かったことです。たぶん空間認知がずれているのでしょう。焦ると一段抜かしてしまうことがよくありました。だけど、治験後は怖くなくなりました。でも最近はその効果も薄れてきてるように思います」

「でも記憶力が維持できればすごいことじゃないですか？　現在の要介護度は……」

「二〇一七年は要介護1でした」

「えっ？　一年経ったらよくなったということですか？」

「それはどうかなぁ。ただ家の中で探し物をすることはほとんどないし、症状も進行していないように思います。今は自分が認知症であることを受け止めていますから、診断直後とくらべ、メンタル面はずいぶん変わりました。

ただ、いいことばかりじゃないですね。もともと僕は器用な人間ではないのですが、（臨床試験後は）さらに不器用になった感じがします。まず、靴の紐を結べなくなりました。パソコンも両手で打てたのに、今は片手です。いちばん困っているのは、言葉が出にくくなったことでしょうか」

実際、聞き取りにくいことがたびたびあった。字性錯語（言語障害）なのか、早口になると「マーケティング」が「マーテキング」に、「千代田区」と言うところを、「チヨドク」になっていた。「イイノホール」が「イイノホーロ」、「汚くなっている」が「汚くない、いってな」といったように、正確に発音するのが難しいようだ。これが治験で投与された薬の副作用なのかどうかはわからない。

ただ僕にとっては、アルツハイマーと診断されてから三年以上も経過して、記憶力がまったく衰えていない当事者に出会ったのは初めてだった。

障害者雇用率制度

今はとくに不安を感じていないが、あえて言えば就職できないことが不安だという。現在、就職に有利になると聞いて、多摩市障がい者就労支援センターのスタッフと相談して、立川市の施設で職業評価をしてもらっている。

「たとえば、パソコンのタイピングミスがないか、どれくらい時間がかかるか。蛇口を組み立てたり戻したり、そのスピードはどうか、挨拶ができるか、社会性があるか、そういったものを評価する施設に通っています」

だからといって、就労はそう簡単ではなさそうだ。

「障がい者就労支援の施設を見に行きましたが、僕が指を自由に動かせないと知っているのに、ちゃんと紐を縛れないと困るとか言われるんです。そんな無茶なことを言うんだったらやりたくないと断りました。そこでは重いものを移動させる仕事もあって、サラリーマンだった自分にそんな体力があるかどうか……。でもやっぱり働きたいですね。認知症になっても、社会の中での役割は必要です。そこに賃金があればなおいいですね。責任を持ってやれる仕事があれば、それが自信につながるように思うんです」

若年性認知症と診断されると、約八割の人が自主退職または解雇されている。退職しないまでも、休職のまま定年を迎えるケースも多い。認知症と診断されても、解雇されないことが理想だが、企業の意識が変わらないかぎり、そう簡単に実現できるとも思えない。解雇になっても、働く意欲さえあれば再就職できればいいのだが、同じ障がい者でも認知症となると非常に困難な状況なのだ。

障がい者の雇用を義務付けた障害者雇用率制度というのがある。一八年の改正で、民間企業なら、四月から、従業員数四十五・五人（短時間労働者は〇・五人）以上の企業は、障がい者を全従業員の二・二％雇わないといけないことになった。未達成の企業は、罰金に相当する一人当たり月五万円の納付金を支払わなければいけない。さらに、これまで対象の障がい者は身体障害者と知的障害者だったが、精神障害者にも広げて雇用するように定められた。

ところが問題は、「うちは障がい者を雇う気がないから五万円払えばいいんだろ」という企業が結構あることだ。認知症の人は働けると思っていないから、雇用してミスをされるより、金を払ったほうが安心だというわけである。さらに企業の多くは、精神障害といえばうつ病や統合失調症で、認知症の人は別だと思っているから、認知症の人が雇用される機会が増えるとはいいがたい。また雇用されても、倉庫のようなところで一日中、単純作業をさせられているケースもある。

第一章で登場していただいた丹野智文さんは、勤務先で障害者雇用を担当しているが、ハローワークの人がやってきてこう言われたそうだ。

「認知症の人はどうなんですか？　仕事はできないですよね」

丹野さんは「うちでは独り頑張ってますよ」と言った。

「誰ですか？」

「それ、僕です」

ハローワークの職員ですらこれだから、一般企業の理解はそれ以下に違いない。この流れを変えるには、企業だけでなく、社会に蔓延する認知症への誤解と偏見をなくして、認知症のイメージを変えていくしかないだろう。

中田さんは、今日も仕事を探している。

＊1　「周知」は官庁から「協力依頼」をお願いするような場合で、「通知」になると扱いは重くなる。
＊2　平成二十七年四月十日の〈「平成26年の地方からの提案等に関する対応方針」を踏まえた介護保険上の指定手続の簡素化に係る再周知について〉より。

⑪ 絶望から立ち直らせた「メモ帳の歌」

「そんなら福田さんに会うてみたら」

僕は九州新幹線の佐賀県・新鳥栖《しんとす》駅で在来線に乗り換えると長崎県の佐世保へと向かった。佐世保市は九州で九番目に人口が多いと聞いていたが、駅前ではタクシーが暇そうに列をなして客待ちをしていた。この街で僕が会おうとしているのは福田人志さん（55）だ。若年性アルツハイマー型認知症本人である。ハウステンボスも黒島天主堂も無視して、僕は福田さんと約束した建物に向けてさっさと歩き始めた。

福田さんを知ったのは、広島の竹内裕さんからだ。

認知症に深く関わっていくと、ときどき「あれっ？」と思うことがある。たとえばデイサービスの入浴がそうだ。たしかに利用者は気持ちいいと言うが、デイサービスを利用するまで、入浴したあとは布団に入って寝るというのが生活パターンではなかったか。それを真っ昼間に入浴すれば、気持ちよくなって家に帰れば寝てしまうだろう。すると夜中に起きることになって、生活のリズムを壊すことにもなりかねない。

最近、あちこちにできた認知症カフェについても疑問がある。

認知症カフェというのは、認知症当事者が利用したり家族が悩みを打ち明けたりする場所として、二〇一二年から普及し始めた。認可の必要がないから二〇一六年には設置数が四千二百ヵ所を超えたといわれている。こんなに増やしてどうするんだろう。

最近は認知症カフェとストレートにいえばイメージが悪いのか、Dカフェとかオレンジカフェと呼んでいる。Dはdementia（認知症）の頭文字で、オレンジは認知症を象徴する色だ。正式な事業名は「認知症カフェ」でも、カフェとして運営するときは何でもいいはずなのに、なぜDカフェやオレンジカフェにするのだろう。これでは、ここが認知症の人のたまり場ですよと宣伝しているようなものだろう。認知症の人だってそんな特殊なカフェより、スターバックスやおしゃれな喫茶店で話をしたいと思っているのではないか。

とまあ、そんな疑問を竹内さんに聞いてもらっていた。すると竹内さんは「そんなら福田さんに会《お》うてみたら」と言った。福田さんがやっている認知症カフェは、あんたが求めてる認知症カフェかもしれんでぇ、というわけだ。

当事者が当事者に向き合って

ＪＲ佐世保駅からほど近いビルに「若年性認知症支援相談室」と書かれた一室がある。広さにすれば八畳ほどの小さな部屋だ。壁には短い詩が書かれた葉書大の絵が掲げられているだけで、家具らしきものは何もない。あるのはテーブルと椅子だけだ。

一人の女性に中年の男性が向き合っていた。男性はここの専任相談員である福田人志さん。福田さんに向かい合っている女性も認知症の当事者だ。

「今、どんなことに困っていますか？」

福田さんは、かつて自分が苦しんでいたときの状況を語りながら、女性がこの場になじんできたのを見計らって尋ねた。

「家にいても何もすることがないから面白くないです」

「仕事があればやってみたいですか？」

「ありますか？」

「どんな仕事がいいですか？」

「私は人と話をすることが好きなので、ボランティアでもいいから、どなたかとお話をしたいわ」

「老人ホームの方とお話をするのはどうですか？」

「ええ、ぜひ。一時間でも二時間でもお話しできたらうれしいです」

この相談室がスタートしたのは二〇一七年の六月。福田さんが認知症になったとき、行く末が不安なのに情報を得る場所がなかったことや、働きたいのに収入を得るシステムがなかったことなどから、当事者の相談窓口を開きたいと考えていた。そんなときに、病院や介護事業所等を大規模に展開する社会医療法人財団「白十字会」の理事長から声をかけられ、「一緒に相談室をやろう」となった。

認知症の人が働くには、「障害者就職面接会」やハローワーク経由か、就労継続支援A型やB型を提供している事業所で仕事を見つける方法がある。ただ、認知症への誤解があって、当事者の雇用はなかなか進んでいない。

ここはそれとはまったく別種で、白十字会という法人独自のスタイルで就労契約を結ぶから、賃金も就労継続支援A型やB型よりもいいという。

もちろん相談するのは就労のことだけではないが、もし当事者が就労を望んでいたら、福田さんがどんな仕事をしたいかを尋ね、希望があれば白十字会の事業所で仕事を探してもらうという仕組みだ。希望する仕事がなければ、白十字会を通してロータリークラブにつなぎ、会員になっている企業に仕事を探してもらうこともできる。

「当事者の中には、相談室に行きたいけど、そこまで行く勇気がないという方がいます。そういう方のために、こちらから出張もします。自宅なら安心できるという方がいれば、玄関まで行くことも考えているんです」

今では笑顔で語る福田さんも、二年前までは絶望の中でもがいていたという。

味覚をなくし消えた夢

福田さんが認知症と診断されたのは、二〇一四年七月だった。五十一歳のときである。

幼い頃に両親が離婚した後、母と妹の三人で、母の実家がある長崎県の島原で育った。その後、叔母を頼って佐世保に移り住んだ。貧しく、家も狭かったので、寮のある高校を選ぶしかなかった。本当は板前になりたかったが、母の面倒を見ないといけないと思って工業高校を選んだ。ところが、高校三年のときにその母が病気で亡くなる。

母の面倒を見る目的がなくなった福田さんは、どうせならと、高校卒業後は会社に入るのをやめて好きな調理師の道を目指すことにした。

大阪の北新地にある料亭で修業していたが、十年ほど経った頃、世話になった叔母が病気になり、面倒を見るために佐世保に戻った。バブル経済が終焉を迎えていた頃だ。

いつか自分の料理屋を持ちたいと思っていたから、御用聞きや営業の仕事をしながら経理の勉強もした。その後、病院給食を作る調理人に戻ったが、足の病気で手術することになった。その後はリハビリに三年かかるというので仕方なく退職する。

その時分、叔母の息子が結婚して同居するというので、福田さんは家を出ることになった。借家を探していたときに出会ったのが、今は福田さんの事実上のパートナーでもある中倉美智子さん（64）だった。夫を亡くした中倉さんには二人の息子がいて、小学生の次男が、福田さんの始めたサッカースクールに通っていたことが縁になった。

福田さんは、中倉家の一間に下宿しながら、あらたに病院給食を作る会社に就職した。老人ホームなどの施設に派遣され、そこの料理長として給食を作る職員を指導するかたわら、朝昼晩の献立を利用者に合わせてアレンジするのが仕事だった。早めに退職をして自分の店を出すつもりだったから、毎日がむしゃらに働いたという。

ところがある日、同僚から「ん？　なんか味が違うね。何入れましたか？」と言われるようになった。

「味がわからなくなったんです。そのうえ、お吸い物に間違って酢を入れたり、麺つゆを入れるところを、キムチの素を入れたり、料理の基本である〝さしすせそ〟をよく間違えました。調味料は計らなくても同じ味を出す自信があったのに、計っても違うんです。調味料に一生懸命になっていると、今度は火加減のことを忘れる。『これ、炒めたっけ?』って何度も訊いていました。忘れているんです。さらに発注ミスで同じ野菜が二度も来たり……。焦りました」

味がわからないというのは、調理人にとって死活問題だった。しかし福田さんは、「最近、ミスが多いですね」と言われても、自分ではおかしいと思っていなかったという。ところが、当時飲んでいた喘息の薬と間違って睡眠導入剤を飲んだため、職場に行こうとしたら、そのまま意識がなくなって倒れてしまい、入院した。

医者はすぐにおかしいと思ったのだろう。別の病院を紹介され、そこで十日間の検査入院をする。退院の前日、医者に呼ばれてこう言われた。

「この画像は間違いなく認知症です」

若年性アルツハイマー型認知症だった。そのとき、「九十歳を超えた人と同じ脳です」と言われたことを今も覚えている。五十一歳だった。

しかし当時の福田さんは認知症のことをよく知らなかったから驚きはなく、隣で一緒に医者の話を聞いていた中倉さんに「認知症って何だっけ?」と訊いていた。それほど深刻とは思っていないから、医者に「すると、あと二、三年で百歳を超えますすね」なんて軽口を叩いていたという。

会社からは進退を問われなかったが、調理場に行くだけでも恐ろしく、調理する自信が持てなかったため、悩んだ末に「仕事を続けるのは無理です」と退職を決意する。

仕事を辞めても医療費は払わなければならない。福田さんは、支払いができなくなってきて初めて、仕事を辞めることは生活できないということだと気がついた。

「役所に相談しなかったのですか」と僕は尋ねた。

「ソーシャルワーカーが親身になってくれました。障害年金は申請しても二年かかるというので、生活保護を勧められたんです。ところが、すべての物を処分して独りで住みなさいと言われました。足が悪いし、中倉の世話を受けないと生活できないのに、アパートで一人暮らしなんてとても無理です」

「妹さんや親戚に助けを求めなかったんですか」と僕は重ねて尋ねる。福田さんはちょっと言い淀み、

「親族は、ぼくが認知症になった時点で姿も見せなくなりました。本当に潮が引くみたいにいなくなりましたね。電話もかからないし、妹さえも来なくなりました」

力なくつぶやくと、「なんでやろ」と首をかしげた。

「本を買ってきて調べると、若年性は進行が早いので三年後には要介護3になるとか、

七、八年で口から食べられなくなって寝たきりになるとか、あちこち徘徊するとか、知れば知るほど恐ろしいことが書かれていたんです。味覚がないから、もう料理の仕事に戻れない。料理屋を出す夢も消えてしまったと思うと、頭の中は真っ白でした」

福田さんは、中倉家の居間に引きこもるようになり、約八ヵ月間外に出なかった。寝起きはソファでという状況が続いた。診断されただけで福祉の関係者と相談することもなく、かといって頼る人はどこにもおらず、結局、家主である中倉さんが「私しかおらんけん、しかたんなか」と福田さんの面倒を見ることになる。

「なんで感動してるんだ？」

僕の目の前にあるテーブルには、色鉛筆で彩色した絵に短い詩を添えた葉書大の作品が置かれている。絵を描いたのは福田さんで、詩も福田さんの創作だが、独特の書体で文字を書いたのは中倉さんだ。これが福田さんを立ち直らせるきっかけになった。

引きこもっていた頃の福田さんは、借りていた一室と居間が全世界だった。福田さんに部屋を貸している中倉さんは、「自分が住んでいる家なのに、彼が居間にこもっているから台所にも入れないんです。電話が怖いのか、うちの息子からかかってきた電話にも出られないんです。ベルが鳴るだけでも布団をかぶっていました」と言う。

部屋の仕切り壁の至る所にモノをぶつけたような傷がついているが、感情がコントロールできなくなると、手元にあるものを次々と投げつけた跡だそうだ。思いっきり椅子を蹴っ飛ばして足をケガしたこともある。

「もういい、俺を施設に入れてくれ！」と叫んでは、中倉さんと衝突することもしばしばだったと福田さんは言う。

「収入はないし、自分には支払う力がない。いろんな面倒をかけるだけで、自分の力では何一つ解決できない。それがすごく情けなくって、施設に入れてもらったほうが、この人たちも自分も楽だと思ったんです。もう限界でした」

「死にたい！」「自殺する！」と大騒ぎする福田さんに、中倉さんは「命は一つなんだよ！」と一喝した。

怒られたと思った福田さんは、「じゃ、どうしたらいいんだよ」と返した。「なにか好きなことを見つけなさい」と中倉さんは突き返す。好きなことといっても、福田さんには料理以外に何もない。やっぱり駄目なんだと思ったとき、中倉さんはゴミ箱からメモ帳を拾い上げた。そこには「こうありたいなあ」という気持ちが一行の詩の形で綴《つづ》られていた。そのメモ帳の言葉を、中倉さんは葉書大の紙に筆で書き写した。それを見た福田さんは「自分の書いたものがこんなにきれいに見えるのか」と感動したという。

心の軌跡ともいえるその言葉から、当時の福田さんが苦悶する様子が迫ってくる。たとえば——、

〈稲穂にも　なれない僕は　虫になる〉

「青々と実った稲を見てふと思ったんです。稲は米を実らせ、稲わらも使い道があるのに、自分はもう、一本の稲穂ほども役に立つことがない。それなら虫になるしかないんだ、と。きっと苦しかったんだと思います」

〈せみの声　いつまで続く　井戸の中〉

血圧も高かったせいか、「毎日、耳鳴りがひどく、蟬が耳の中で一日中鳴いているみたいでした」という。中倉さんによると、この時分は毎日わめき散らしていたそうだ。

〈何もかも　嫌になったら　天婦羅みたいに　カリッとなって　塩をまく〉

「生きていることが嫌になって、グジグジと泣いたりわめいたりしていたけど、せめてかき揚げみたいに、気持ちがカリッとなったらいいなあ」という願望だという。

〈僕の心の思い出は　記憶焼却されたんじゃなくて　母さんのポッケの中〉

「記憶が焼かれたみたいになくなったのではなく、亡くなったお母さんが持ってるかもしれない。だったら夢の中でお母さんに訊けばわかるかなと思ったんです。昔のことを思い出すことがよくあって、夢はよく見ました」

〈涙した　あの言葉をどこへやったの　ぼくの頭よ〉

「さっき、すごい素敵な言葉に感動して涙を流したのに、はっと我に返ったら、なんで泣いているのか覚えていない。なんで感動して泣いてるんだろって、そんなことが何回もありました。テレビを見て笑ったのに、なんで笑ったのか首をひねっているんです。見終わったあと中倉から、『今の面白かったね』と言われ、『何が？』と訊き直さないといけないこともよくありましたね」

テレビドラマは疲れて見られなくなり、もっぱら歌番組ばかり見ていた。三分ぐらいの曲なら楽しめたからだ。福田さんの記憶は、ウルトラマンのように三分が限度だった。

〈溶けきった　アイスクリームを悲しむように　僕の脳力もカップから流れ落ちてる〉

〈今日のあなたが　明日も　今日のあなたでありますように〉

不安をいっぱい抱えていた福田さんは、その日によって気分が変わった。「今日は楽しかったので、次の日も楽しかったらいいなあ」という気持ちがこの歌になったという。

〈思いっきり　泣いてみたいな　観音様の前で〉

やがて福田さんは死を考えるようになった。

〈カーナビに　仏の道と　入れてみる〉

この世に居場所はなく「早く仏の道に連れて行ってくださいという希望」だったという。「施設に入れてくれ！」と叫んだのもこの頃だ。そして、

〈朝昼夕　もう限界だ　生命どこへ〉

生きることにアップアップしていた。自殺願望がますます強くなり、そばにいた中倉さんは、危なくて見ていられなかったと言う。死はすぐそばにあった。
そんなときに中倉さんから一撃をくらう。

〈命はね　一つなんだよ　人志さん〉

中倉さんの「雷が落ちた」瞬間である。頭が痛くなるくらい怒られた。
これらの言葉を筆で書いてもらったが、「文字だけだと寂しいから、色をつけてみようか」と思い、ペンで描いた線画に色鉛筆で色をつけた。やってみるとこれが面白くてはまってしまい、「壱行《いちぎょう》の歌」と名付けた作品がまたたく間に百枚ほどになった。それならみんなに見てもらおうと、中倉さんと「壱行の会」を立ち上げ、二〇一五年六月に「認知症

のうた」と題して展示会を開いた。

福田さんが立ち直っていくと同時に、この頃から「壱行の歌」も少しずつ変化していく。

〈やさしさに　限界がない〉

中倉さんが清書した「壱行の歌」に、福田さんが色鉛筆で柔らかな絵を添える

〈人は誰でも　愛情という絆創膏《ばんそうこう》を病んだだれかに貼れる〉

中倉さんへの感謝だろうか。ようやく希望が見え始めた。

〈この先に見えるのは、オレンジに輝く　トンネルの出口〉

やっと光が見えてきた。だが、まだ認知

症を受け入れたわけではなかった。展示会に来た人が、「どなたが創ったんですか？」と尋ねると、受付にいた福田さんはさっと姿をくらました。地元のテレビ局も取材に来たが、インタビューは頑なに拒否した。自分が認知症であることをカミングアウトしたのは、この翌年のことである。

カミングアウト

「認知症のうた」の展示会には当事者もやってきた。やっぱり当事者との出会いは楽しい。もっと気軽に会える場所があればいいのに、という思いが結実して「峠の茶屋」ができた。二〇一六年六月、佐世保駅近くの多目的ホールに一室を借りて、いわゆる認知症カフェを開いたのだ。

「認知症になってお茶を飲みたいと言ったら、あそこに認知症カフェができたからそこに行きなさい、あそこだったら安心です、と言われるんです。でも僕は普通にスターバックスに行きたい。いっぱい喫茶店があるのに、なぜそこしかないんですか」

そんな福田さんの思いが、「峠の茶屋」を通常の認知症カフェとはまったく違うものにした。行政の支援も受けられるが、福田さんはお仕着せの認知症カフェではなく、自由なカフェにしたいと、利用する人の寄付金だけで運営している。

さらにプログラムといったものもない。「普通の喫茶店みたいに、ただお茶を飲んで話をするだけの場所」という認識だからだ。だから「オレンジ」とか「認知症」という言葉も使っていない。来たけど、つまらないと思ったら帰ってもいいし、ただお茶を飲むだけでもいい。何をしてもいいのだ。

「僕らは、町の人の中に溶け込んでいるのが当たり前なのだから、当事者だけではなく、町の人がみんな気軽に集える場所であってほしいと考えたからです」

ここは、「出会い系喫茶店」のようなものだという。

「行政とのパイプを作ったほうがいいとは思うのですが、助成金をいただくと、やりたくないこともやらざるを得なくなり、行政に対して自由な発言をしにくくなります。自分たちが作るのですから、自分たちの好きな方法でやりたいし、行政とも対等でありたいと思ったんです。

自分たちが望まないプログラムでも、やれば活動をやり遂げたと思う人がいるかもしれませんが、来られた方が望んでいないのなら、最初から必要のないものです。僕は〝何も望まないカフェ〟ということでここを始めました」

この茶屋に行くと、五回以上来た古株の人が案内してくれる。お茶を出したりしながら、新しく参加した人にさりげなく要望を聞く。出会いが目的だから、余計な質問はしない。もしも「当事者と話をしたい」と言われたら、その人が当事者にエスコートするだけだ。

「最初は当事者同士でしか話ができなかったのに、慣れるに従ってそうじゃない人とも話をしています。一ヵ所に留まらず、移動しながら、いろんな人と話をするスタイルです。その話し合いの中に、僕も中倉も入っていくんです」

「峠の茶屋」ができて、いちばん喜んだのは福田さん本人だった。

「嬉しかったですね。同じように苦労された方がおられたとわかったら話が弾みます。ほっとします。涙が出るぐらい嬉しいです。話を聞いてもらって、かさぶたのようなものがぽろっと取れたような気分でした」

かつて〈さびしくて　自分にメールを打っては　笑う〉などと詠んでいた福田さんは、このときの嬉しさをあらためてこう詠んだ。

〈認知症と言う僕に　友達が　出来た〉

福田さんが、認知症であることをカミングアウトしたのもこの頃である。

二回目の展示会にテレビ局から取材依頼があり、悩んだ末に出演した。ある程度の覚悟ができていたせいか、それほど抵抗はなかったのだが、どうせテレビで放映されるなら、その前に地元の人たちに知ってもらいたいと、「家族の会」を訪ねて自分から打ち明けることにしたのである。

カミングアウトすると、身辺が慌ただしく変化し始めた。タウン誌などにもたびたび取り上げられて、今ではご近所の「有名人」である。すれ違えば「頑張ってるね」と挨拶され、帰ってくれば、

「どっからの帰りね」

「あんたも忙しかね」

と声をかけられる。中倉さんがさかんに宣伝するから、近所で福田さんのことを知らない人はいない。だから遠出でもしないかぎり、外出して迷うことはないという。

アナログ時計の時刻表

福田さんは、ときどき「本当に認知症?」と言われることがある。実際、知らなければ認知症と思う人はまずいないだろう。でも、できないことはたくさんある。たとえば、独りでは出かけられない。独りで出かけられるのは、近所のバス停から佐世保駅までと、その一つ先のバス停までだ。そこにはこの章の冒頭で紹介した相談室がある。それでも不安

だから、降りるバス停の風景は紙にスケッチして持つようにしている。

迷ったら必ず佐世保駅まで戻る。迷ったと思ったら、グーグルマップで確認して佐世保駅まで戻れば、なんとか家まで帰れる自信があるからだ。このルート以外に、たとえば福岡で講演を依頼されても、独りでは行けない。そのときは中倉さんが同行する。

呉や横須賀のように良港がある町は、山がなだれ落ちるようにして海底を深く抉《えぐ》っている。海は深く、山地が海べりまで迫って坂が多い。佐世保もそうだ。福田さんが住む家から最寄りのＪＲ駅まで歩けなくはないが、行きは下り坂だからよくても、帰りは上り坂が延々と続く。足の悪い福田さんには至難の業だ。運転免許証を返納した今、バスを利用するしかないが、これがまた問題なのである。

なぜなら、福田さんはバスの時刻表が読めない。

通常、バス停の時刻表は、タテに時間が並び、その横に分単位の出発時間が書かれているが、これが読めないのだ。たとえば、七時二十五分発のバスに乗ろうと思ってバス停に着いたのが七時五分。あと何分待つのかと思っても読めないから計算できない。

ところが、なぜかアナログ時計だと読めるのである。だから、常時使うバスの時刻表はすべてアナログ時計の絵にして持っている。バス停に着いたとき、すでにバスが出発していても、時計の絵を見ることで、あと何分経ったら次のバスが来るといったことがわかる

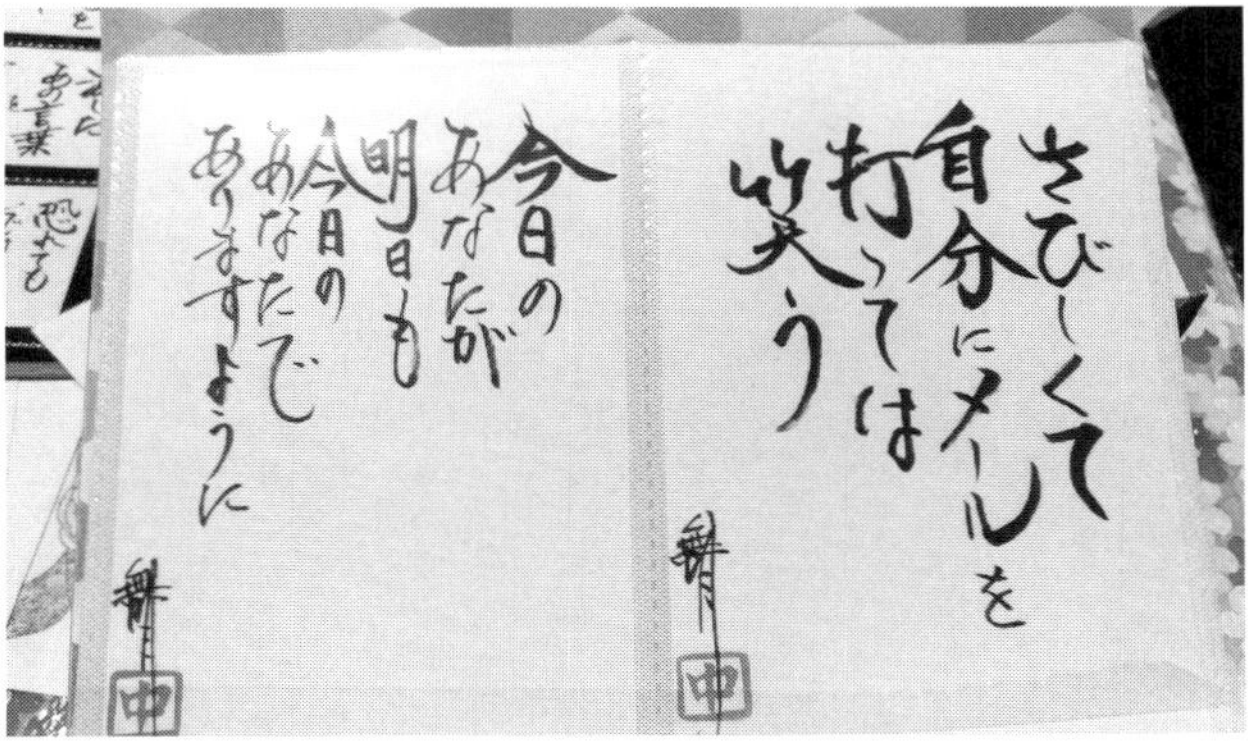

福田さんのつくった「壱行の詩」の絵葉書。きれいにファイリングしてある

そうである。このほうがはるかにややこしいと思うのに、福田さんにはずっと簡単なのだそうだ。

服もあちこちに置くとわからなくなる。とくに見えないところに収納すると永久に見つけ出せない。だから大きな引き出しに全部入れるようにしている。「目に見えると安心なんです」という。電気の消し忘れはよくあるので、一ヵ所のスイッチを切ればすべての電源が切れるようにした。

味覚がなくなってから食事が困難になったが、今は柚子《ゆず》やレモンの皮を絞ったり、生姜や薬味を入れたりして、食べられるように工夫をしているという。

できないことはあっても、それなりに工夫をして、日常生活に支障をきたさないようにしている。ただし、努力してもできないこともある。たとえばお金の計算だ。

「買い物をして三百六十五円だったとします。なんとなく五百円玉で足りるかなと思って出すのですが、五百円玉と百円玉が区別できないから間違うんです。先日も五百円玉を出したつもりでお釣りを待ってたら、『百円ですが……』と言われました。レジでの支払いがいちばん苦手です」

一時はチャージできるカードを使ったこともあるが、カードを紛失したりお金が入ってなかったりと、トラブルが続いてやめてしまった。

できないことは増えている。しかし、認知症を受け入れてからパニックになることはなくなったという。ただ、その日によって感情のコントロールができないことがあり、そういうときは、何をやっても億劫になるそうである。

生きる目的

認知症のことを知らなかったために、しなくてもいい苦労をしたことを、多くの人に伝えていきたいという。

「突然悪くなったように思えても、誰だって準備できる期間があったはずです。気がつかないうちにちょっとずつ悪くなっていったんです。自分のことは自分で守るしかないんだから、おかしいと思ったらすぐ診てもらって、準備できる期間に未来の自分を守る準備をすることです」

診断後、人前に出られず、引きこもってしまったことも、今は後悔している。だから「認知症の人に対応するカウンセリングの場所があったらいい」という。

「自分の中にも偏見があるので、専門家にカウンセリングしてもらえるところがあればいいですね。カウンセリングは当事者だけでなく、家族も一緒に受けるべきです。本人にやる気があっても、家族が反対することもあるから、家族が一緒にカウンセリングを受けて、当事者も家族も安心して表に出られるようにすべきです」

がん末期で余命幾ばくもない人でも、元の姿に戻れない認知症の人でも、希望は必要だろう。どんな小さな希望でも、生きる支えになる。希望はその人に生きる目的を与え、その人のQＯＬ（quality of life＝生活の質）を高め、ＡＤＬ（activities of daily living＝日常生活動作）を向上させる。だから僕はあえて「福田さんの生きる目的はなんですか？」と尋ねた。福田さんはしばらく躊躇してからこんなことを言った。

「認知症になる前は、自分の料理屋を持ちたいと思って準備していました。そのため、自分のレシピを作ったり、食べに行った店のレシピも集めたりしました。中倉と一緒にお百姓さんを訪ねて、いい野菜の見分け方も勉強させてもらいました。病院食を作っていたので、病気の人や赤ちゃんも一緒に来られる店にする予定でした。もちろん使うのはすべて有機野菜です。それなのに認知症になって……」

「諦めたんですか？」と、僕は尋ねた。

「苦味と酸味しかわからないんですよ」

「チャレンジしてみたらどうですか？」

福田さんはちょっと驚き、やがて柔和な顔に変わると夢を見るように言った。

「『味覚がない店です』か。でも、いいかなあ……」

⑫ 亭主関白が「幸せ病」と呼べるまで

当事者が馬に乗ってやってきた

冬の晴れた空に、透き通るような富士山が見えた。

その裾野に広がる原野のはずれにＥＰＯ《エポ》（静岡県富士宮市）というＮＰＯ法人がある。農業や乗馬によって障がい者の「就労の場」づくりや「社会参加」に取り組んでいる団体だ。このあたりは中山間地域で、耕作放棄地や廃農場がたくさんあり、それらを借りるかたちで運営しているが、道路脇に小さな看板があるだけで、知らなければ通り過ぎてしまいそうなほど大自然の中にとけ込んでいた。

ここは市街化調整区域だから建物は建てられない。敷地内に古民家風の喫茶店もあるが、これは元の農家を改装したものだ。

理事長の髙橋智《さとり》さん（51）に案内してもらいながら、僕は五千坪以上あるというEPOの敷地を歩いてみた。なんだか奥深い田舎の村にやってきた気分である。

僕たちは畑の畔《あぜ》を抜けて、杉林に沿って坂道を登っていった。やがて、どこからか「歩きま～す」という声が聞こえてきた。

羊の鳴き声に混じって、枯れ葉を踏みしめる音。馬だ。それもかなりの高齢である。おっとりとして、乗り手を気遣うようにやさしく歩いてきた。髙橋さんによると二十七歳馬だそうだが、馬の平均寿命が二十五～三十五歳というから、人間でいえば晩年期だろう。

EPOには十頭の馬がいて、世話をするのは障がい者だ。どの馬も二十歳を超えている。高齢のおとなしい馬が多いのは、セラピーに使うからである。

白い馬に乗っているのは赤池桃代さん（64）。三年前に脳血管性認知症と診断された。これはアルツハイマー型と違い、脳梗塞や脳出血などによって、脳内の血流が滞ったり途絶えたりして発症する認知症である。

乗馬はセンソリー・トレイルといって、山間の起伏のある地形を移動することで体幹を刺激し、鳥の声を聞いたり、自然の変化を感じたりと、全身の感覚を調整する訓練だ。

乗馬が終わった後、汗をかいた馬の体をブラッシングしながら馬と触れ合う赤池桃代さん

目の前に直径二十メートルほどの円形の馬場があった。馬に乗ってやってきた赤池さんは、手綱を引きながらその中に入り、馬上体操を始めた。

ヤギの鳴き声がかまびすしい。

体操を終えると、スタッフの掛け声で馬の常歩《なみあし》から速歩《はやあし》へと歩様《ほよう》を変えた。背筋をぴんと伸ばし、体重移動も滑らかだ。「逆に回りましょう」の声で馬の向きを逆にするなど、けっこうなバランス感覚が必要なことは見ていてもわかる。

パイロンを使ったスラローム歩行（蛇行）や、馬上から輪っかを投げるゲームもあって、桃代さんは終始楽しそうだった。昔からスポーツが大好きで、学生時代は陸上選手だったというから才能があるのだろう。およそ三十分の乗馬トレーニングを終えると、物足りなさそうな表情で馬を降りた。

「速歩はカッコいいですねえ」と僕が声をかけると、「ええ、そうですかぁ」とはにかむように笑う。

「ここに来る前から乗馬をしていたんですか？」

「いえ、こっちに来てやりました」

「動物が好きなんですね」

「はい、馬が……、あ、羊さんも好きです」

三年前にここへ来たときは表情が硬くて笑顔がなかったのに、馬に乗ったときだけ違ったという。動物と相性がいいのか、今ではＥＰＯに来ることを楽しみにしているそうだ。

ＥＰＯの前身は子供移動動物園だった。それが常設の牧場となり、二〇〇九年に法人化するとき、髙橋さんによれば「（障がいのある）子供が特別支援学校を出ても、就労先がない、就職に困っている、餌作りや掃除ができるんだからこういう場所が就労先になればいいね、という話があって」、福祉に特化した牧場になったという。ここは介護事業所ではなく、障害福祉サービスの事業所である。現在、馬の世話をする人たちをはじめ、理学療法士、作業療法士、介護福祉士など専門チームを含めると四十名近いスタッフが働いている。

一般的に、認知症になったら介護保険というイメージがあるが、必ずしも介護保険を利用する必要はない。介護保険サービスに希望するサービスがない場合は、障害者総合支援法にもとづく障害福祉サービス（自立訓練など）を活用することもできる。

ＥＰＯには自立訓練（自立した日常生活を営むための訓練）と、雇用されることが困難な障がい者に就労の機会や職業訓練の支援をする就労継続支援Ｂ型がある。乗馬は自立訓練だが、これは期間が二年間と定められていて、桃代さんは二〇一七年十月で二年に達した。本来なら終了して介護事業所につなぐはずだが、周囲に桃代さんのように活動的な認知症当事者が利用できる施設がなく、乗馬が桃代さんを前向きにさせていることから、現在は就労継続支援Ｂ型に移行しながら、レクレーションとして馬に乗っている。

午後は就労継続支援Ｂ型として、ＥＰＯで飼っている羊からとった羊毛でコースターを作る作業をしているが、針でチクチク刺したりローラーで延ばしたりといった単調で細かい作業が苦手なのか、乗馬のときと違って潑剌《はつらつ》とした感じがなかった。

「退屈？」と僕が声をかけると、桃代さんは小さな声でささやくように言った。

「やっぱり馬がいいです」

はじめはうつ病かと思った

桃代さんは、結婚してから専業主婦一筋で一度も外に出て働いたことはなかった。結婚した娘に三人の子供ができると、つきっきりで世話をした。やがてその子供たちが幼稚園に通い始めると、することがなくなってしまう。毎日ぼんやり過ごしていた桃代さんに、夫の茂樹さん(63)の妹から「何もしてないんだったら、介護施設の厨房で一日三、四時間ほど働かない?」と誘われた。介護施設の厨房に入るには調理師免許が必要だったが、さいわいに彼女は調理師学校を出て調理師の免許を持っていたのだ。彼女も暇つぶしになると思ったのか、「いいよ」の一言で働き始めた。

当時はパート先の介護施設まで、自分で車を運転して通っていたという。

「(診断される前は)老人ホームのような施設で、ジャガイモや玉ねぎの皮をむいたり、皿洗いをしたりしていました。でも突然、人数分のお皿が数えられなくなったの。自分ではおかしいと思わなかったんです。だけど、他の人がちょっとおかしいと言うので、お父さんに相談したら、(仕事は)よしたほうがいいと言いました。辞めたくないし、どうしようか悩んだのですが、周りに迷惑をかけるんだったら、やっぱりよしたほうがいいかなと思って辞めました。それから病院に行きました」

彼女には微妙な表現がむずかしい。テレビで一時間ドラマを見ても「ストーリーはわかるし楽しい」というから短期記憶に問題はないのだが、字性錯語があり、「おうま」が「おいも」に、「たばこ」が「たびこ」になったり、また、日常的に使わない言葉で表現しようとすると言葉がスムーズに出てこない。そこで僕は、茂樹さんに同席してくださるようにお願いをした。

快く承知してくれた茂樹さんは、診断されるまでの壮絶なバトルすら隠そうとせず、こちらが拍子抜けするほどあけすけに語ってくれた。認知症の家族を抱える全国の人に、自らの体験が参考になればという思いからだ。

桃代さんは、高校を卒業すると花嫁修業として調理師学校、編み物学校、洋裁学校へと通い、茂樹さんと結婚するまで会社勤めをしたことがなかった。そんなお嬢さんが嫁いだ先は、超がつくような亭主関白だったようだ。

「俺は黙って座り、あれ持って来い、これ持って来いと指図するだけ。彼女が口答えすることはありません。口答えすれば俺に怒られるからです。娘もよく言ってましたよ。お母さんだから務まるんだって。俺は会社を一代で立ち上げたもんで、気を張っているところもあったんでしょう。男は仕事をして遊んで、お金に不自由させなければ何をしてもいいんだって思っていました。家庭のことは一切女房に任せっきりです。だから子供たちはみんな女房の味方。悪いのは俺でした。実際、そう言われても仕方がないくらい、本当にワンマンでしたね」

桃代さんは、言いたいことがあっても我慢していたのかもしれない。僕がそう言うと、茂樹さんは「まったくその通りです。俺が好き放題なことをしても、本当に何も言わなかった」とあっさりと認める。

桃代さんはといえば、茂樹さんより一歳年上だったから、「夫より若く見られないと恥ずかしい」と、いつも身ぎれいに化粧し、「スッピンの顔を夫にも見せたことがなかった」という。茂樹さんが「デブは嫌いだ」と言うと、食べる量も自分で制限して絶対に太らないようにした。従順でおとなしい桃代さんが、初めて自分の望みを口にしたのが「新しい家がほしい」だった。

十年ほど前にその家は完成したが、それから三年ほどすると桃代さんにうつ病のような症状が出始めた。それが認知症の兆候とは、茂樹さんも気がつかなかったという。

「孫が幼稚園に行くようになると、家にいても暇なもんだからパートに出るようになったんです。介護施設の厨房で働いていました。ところが、家では何もしないでため息をついているだけになったんです。見るからにうつ病でしたが、パートには出ていました。建てたばっかりの家なのに、掃除はしない、片付けない、やたら散らかるようになって、俺は小言ばかりです。それが重大な病気だなんて知らないもんだから、何もしない女房にイライラしていました」

茂樹さんの弟ががんで余命幾ばくもない時、「最期に何が食べたいか」と訊いたら「(桃代)姉さんの作ったカレーをもう一回食べたい」と言ったほど本格的なものを作っていたのに、まともな料理もできなくなっていた。

「ご飯を炊くのに水の量がわからないのか、お粥になったり固かったり、これも喧嘩の原因でしたね。当時の口癖は『味見してから作れ!』でしたよ。『病人じゃないんだから、こんなもん食えるか』って文句を言ったら、炊飯器が悪いって言い返すんだ。仕方なく新しい炊飯器を買ったけど、やっぱりめちゃくちゃでね。それからは俺も家でほとんど食事をしなくなって、毎日のように飲んで帰りましたね」

桃代さんは時間もわからなくなっていた。

「思い起こせばうつだと思っている間に、これが初期症状だったんだと思うことが幾つもあるんです。彼女の仕事は朝九時半からなのに、七時や八時に行くんです。冬場なんか、晩ご飯を夕方四時半ごろに出されました。時計が読めないと知ったのはあとのことですが、当時は日時計と腹時計で動いていたんですね。休みの日の朝なんて、家を出ると日が暮れるまで帰ってこない。お金が足りないと言い出したのもその頃です。お釣りの小銭の計算ができないから、どこへ行ってもお札で払い、もらった小銭をどこかにため込んでいたんだから、足りなくなるのは当然でした。

俺はといえば、うつ病は治る病気だから、たとえ十年経とうが十五年経とうが、治ったら絶対に別れてやると、それだけで一緒にいました。一度だけ従妹が俺に内緒で病院に連れて行ったのですが、『うつ病じゃないって先生が言ったよ』と聞いたはずなのに、どう見たってうつ病だと思い込んで聞く耳を持たなかったんです。認知症なんて想像もしなかったものだから、俺は荒れるばかりで、寄ると触ると暴れて怒って、毎日が夫婦喧嘩。おふくろが、こんな生活じゃ生きていたくないと言うほどです。だから家の中はガタガタ。同居していた息子も呆れて出て行きました」

十八歳の独身時代に戻った

茂樹さんは運送会社を経営していた。会社が六十歳定年制をとっていたこともあって、茂樹さん自身も六十歳になったのを潮に引退した。これからは趣味のゴルフと釣り三昧だというわけで、退職後は暇さえあれば遊んでいたという。が、それも一ヵ月半だった。ある日、桃代さんはパート先の調理場で突然皿の数を数えられなくなったのだ。家族に連れられて病院で検査を受けると、脳血管性認知症だった。

脳血管性認知症は、高血圧、糖尿病、心疾患、脂質異常症、喫煙などが原因で動脈硬化が悪化して脳の血管が詰まったり破れたりして発症するが、自覚症状がない脳梗塞をたびたび起こしていると認知症状が出現する場合もあるとされ、桃代さんの場合は典型的なこのケースだった。症状として感情失禁（感情を制御できない）や歩行障害、言語障害などが指摘されているが、脳の障がいを受けた部位によって症状は異なってくる。

脳内に小さな脳梗塞が四ヵ所あって、三ヵ所は普段の生活で使わない部分でしたが、一ヵ所は数字を数える部分だったそうで、茂樹さんも娘さんも茫然としていた。二〇一五年六月のことだった。

計算する部分がやられていると聞いて、人間の生活は数の計算で成り立っているんだと思ったと茂樹さんは言う。

「電気をつけるのは足し算なんです。消すのは引き算。ドアを開けるのは足し算で、閉めるのは引き算です。計算ができないから、電気はつけたらつけっぱなし、ドアは開けたら開けっ放しです。黙っていたらテレビも一晩中つけっぱなしです。それが病気で計算ができないとは知らなかったものですから『ドアを閉めろ、電気は消せ』と、そればっかり言ってました。これもみんな数の計算からきてるんです」

桃代さんは要介護2だった。

このときの血圧は二四八もあって、よく死ななかったと言われたほどである。五十歳を過ぎた頃から血圧が高く、桃代さんの家系も高かったので、茂樹さんは、診てもらって降圧剤を飲むようにと忠告したが、本人は嫌がって飲まなかった。

「先生から、『一生治りません。部分的な脳死と考えてください』と言われた時は、それはショックでしたよ」

茂樹さんの隣で黙って聞いていた桃代さんは、「しかたないねえ」と小さな声でつぶやいたが、よく考えるとすごい言葉だ。

そのとき僕は、桃代さんが「私はテレビの見張り番」と言っていたのを思い出した。そのことを茂樹さんに尋ねると、すかさず桃代さんが「今でもテレビの番をしています」と笑った。

それを聞いた茂樹さんは、何かを思い出したように「そうそう、診断から三ヵ月間は、坂を転がるようにひどくなっていったんですよ。みるみる悪くなって……」と語り始めた。

「診断される三年ほど前から掃除をするのを見たことがなかったな。いや、まるっきりじゃないんです。うちは息子が同居する約束で建てた家だから、九十八坪あるんです。それが、家を建てて三年もすると、ものの二、三分で終わるようになってね。つまり掃除してないんです。それが診断後は、掃除どころか、いっさい体を動かさなくなりました。テレビの前に座ってぼうっとしているだけ。お前が見張りをしているから、うちは何を盗まれようともテレビだけは盗まれないって冗談で言うほどです。最悪でしたね。

市役所の人が介護保険の査定に来ましたが、あのときの彼女は十八歳の独身時代に戻っていました。市役所の人が名前を訊くと旧姓を言うんです。『お歳は？』『十八です』って。あるときなんて、真夏の陽射しの下を、六キロ先の実家まで歩いて帰ったこともありますよ。お兄さんがびっくりして送り届けてくれましたが、道は覚えてるんだね。もちろん、俺の名前はわからないし、子供たちの名前もわからない。唯一忘れなかったのは、犬（チワワ）の名前だけでしたよ（笑）」

「そんなに犬が好きなんですか？」と僕が訊く。

「可愛いから」と桃代さん。

「名前はなんていうんですか？」

「マロンです」

「女房が帰ってくると犬が迎えにきて一緒に部屋に入っちゃう。寝るときも一緒。朝起きたのもすぐわかります。犬が先に出てくるから。『散歩に行ってもいい？』と俺に言うと、もう先に玄関で待ってます。あれはもう介護犬ですよ」と茂樹さんは言った。

夫婦に訪れた劇的な変化

「風呂に入ってても、体も髪も洗ってなかったんです。それに気付いたのは息子でした。髪の毛がフケだらけというのはおかしいと思ったんでしょう。『おやじ、おかんは、髪の毛なんて洗ってないぜ、フケだらけだから』と言ったんです。結婚してから一緒に風呂なんて入ることがなかったから、俺が入れてやるといっても『いやだ、いやだ』って抵抗したんですよ。今は腹時計で夜八時を過ぎると、『ジィジ（茂樹さん）、お風呂に入ろうよ』って迎えにきますけどね」

診断から三ヵ月間、桃代さんは家に引きこもった。毎日テレビの前に座り、それに飽きると自分の部屋に戻ってベッドで寝転がる。そんな繰り返しだった。

桃代さんに、「これまで辛かったのはどんなときですか」と尋ねると、即座に「仕事を辞めたときと、家にいたとき」と言った。テレビの前で黙って座りながら、言い知れぬ辛さに心の中で涙を流していたのかもしれない。

ところが、桃代さんの娘と幼馴染だったＥＰＯのスタッフが、桃代さんが困っていると聞いて理事長の髙橋さんに相談した。これまで桃代さんは「寝るときと朝起きたとき以外に素顔を見せたことがない」と茂樹さんが言うほど自分に厳格だったのに、この時分は化粧もせず、服も着られなくなり、さすがに家族も不安で頭を抱えていた。そこへ髙橋さんらの思いがけない誘いがあってＥＰＯを利用するようになる。初めて桃代さんに会った髙橋さんの印象は、「不安げな感じで、お話もあんまりしないし、遠慮がちで、こちらが言うことは素直に聞くのに楽しそうではなかった」そうである。

ただ、なによりも驚くのは茂樹さんの変化だ。桃代さんが認知症と診断されるまでは遊び三昧の毎日だったのに、診断された途端に「専業主夫」になったのである。

「彼女がＥＰＯにいるときは、同居しているおふくろが自分で料理できるので、俺は行きつけの店で外食するんだけど、そこで料理の方法を聞いてメモをとって、帰ってからそれを見ながら夕食を作りました。今はタブレットでクックパッドを見たら、材料から作り方まで出てくるので楽ですね。さいわい釣りが好きなもんだから、包丁が使えるんです。晩御飯は四時ごろから支度を始めて、晩酌をしつつ台所と居間を行ったり来たりしながら作ってますよ」

「え？　ご主人が料理を作ってるんですか？」

「はい」

「病気になってから？」

「そうです」

「買い物もするんですか？」

「もちろん。専業主夫ですから」

「愛妻家なんですね」

「いや、これは彼女に対する愛情じゃない。俺がやらなければ、娘の家庭が壊れると思ったからです。そうすれば孫が泣きます。それがなければ腹を括れなかった……」

もしも茂樹さんが介護を放棄して離婚したりすれば、母親が大好きな娘はきっと桃代さんを介護する。すると娘は仕事どころではなくなり、幼い子供の世話も満足にできず、家庭が崩壊しかねない。そう考えたのだろう。だが、これも茂樹さんなりの精一杯の愛情表現にちがいない。

笑いながら「私は赤ちゃん？」

ＥＰＯを利用するようになってからの桃代さんの変化は茂樹さんも驚くほどだった。それまでは「何もしないでぶすっと座っているだけだったのに、ニコニコするようになったんです」と言う。化粧もするようになり、服も自分で着られるようになった。それが薬の効果なのか、馬や羊に接するようになったせいなのか、いずれにしても穏やかになってくれたことで家族は安堵している。

「春先になると羊の赤ちゃんが生まれるでしょう。あるとき、ちょっと目を離したら彼女の姿がなかったそうです。あちこち探したら、羊をずっと眺めていたんですって。今でも姿が見えないと、羊のところにいます」

「可愛いよ」と桃代さん。

「EPOに通い始めたばっかりの頃でしたが、『EPOでくれるっていうから羊を飼うだぁ。うちの庭の端っこでいいから飼えるようにしてくれ』って言うんです。三月、四月になったら今でも言いますが、冗談じゃないよ」

「今は家で何ができますか」と僕は尋ねた。

「洗濯物を取り入れるぐらいかな」と茂樹さんが言うと、横から桃代さんがさりげなく「犬の散歩も」と言った。

現在、EPOから帰ってくると、チワワを連れて家の周りを二十分ほどかけて独りで散歩する。迷わないように歩くコースは決めているという。これが日課である。

「曜日がわからないでしょ。月がわからない。明るければ昼で、暗ければ夜だという感じしかわかりません。でも時間や数字以外は覚えていることも多いんです。北海道で鮭が川を遡るところなんかをテレビで見ると、『行ったね、行ったね、北海道行ったじゃない』って言ってます。確かに鮭を釣りに一週間ほど北海道に行ったことがあるんです。楽しかったんでしょうね。旅行に連れて行ってやったことは覚えてるみたいで、旅番組でそういうのが出ると思い出すみたいです。

近所の人の顔なんかも覚えているから、散歩しながら出会ったら挨拶をするんです。だから近所の人は『よかったね、良くなって』と言うんですが、実際はそうじゃない。俺が見て二歳児並みかな」

「いひひひっ、私は赤ちゃん？」と桃代さんは笑う。

木曜日はＥＰＯが休みなので、その日は同じ富士宮市にある木工房「いつでもゆめを」を利用している。「いつでもゆめを」は障害者就労支援施設なのだが、一般的に多いアクセサリーなどの小物作りやサンプル詰めといった作業ではなく、ここでは木製「車いす用体重計」や「富士山テーブル」などオリジナル商品を地元の木材を使って製作している。「車いす用体重計」は五万円ほどの高額商品で、すでに二百五十台以上売れたという。

桃代さんにできないことはたくさんある。今もアナログ時計は理解できない。デジタルの時計も数字は読めるが、それがどういう時間かを理解できない。たとえば朝九時三十分を過ぎるとＥＰＯから迎えの車がやって来るから、その時間になると茂樹さんが「早くトイレに行ってきなよ」と言うが、「まだ九時三十分じゃん」とのんびりしているそうだ。

「九時三十分は読めても、それがどういう時間かはわからないんです」と茂樹さん。

また、買い物をしてもお金が払えない。でもＥＰＯのスタッフによれば、改善している部分はあるという。たとえば、トランプができなかったのに、最近はババ抜きのように簡単なゲームなら自分でカードを出せるようになったこともそうだ。「おうま」が「おいも」になったりして、発音はおぼつかないが、言葉数は増えている。

掃除は「見ているだけでは悪いから、自分でやるようになった」と桃代さんは言うが、茂樹さんは首をかしげている。洗濯はできないが、洗濯物の取り込みはできるようになった。ただ茂樹さんによれば、「離れて見ていると洗濯物は確認できているのに、なぜか一枚だけ取り残してくる」そうである。「テレビドラマのストーリーはわかる」と言うから、忘れたわけではない。もしかすると視覚野の障がいかもしれない。だが、最大の改善は笑顔になったことだろう。

ＥＰＯを利用している限り、「数字が理解できないこと以外は正常だから介護保険は必要ない」と、茂樹さんは要介護を返上した。だから、今は介護保険を使っていない。

茂樹さんの横で桃代さんは、バッグを抱えて体をくねらせている。会話に参加できなくて退屈し始めたのだろう。そこで桃代さんに、「今何をしたいですか?」と尋ねた。

「あは、ゴルフをやりたい！　ジィジ（茂樹さん）はよせと言うんだけどやりたいです」

発病するまで、年寄りたちの仲間に入って、毎週のようにショートコースに出ていた。今でも茂樹さんがゴルフウェアーを着て出かけようとすると「いいなあ、自分ばっかり」と羨ましそうに見送るそうである。

「旅行もしたいです。最近は行ってません。買い物も好きです。近所に買い物をするところがあります。でもジィジが独りで行きます。私は三回に一回しか連れて行ってくれません！」

認知症になってから旅行をしなくなったのは、茂樹さんなりの理由がある。

「うちのトイレは全自動なんです。旅行に行ったら流し忘れたりするんじゃないかと思うと怖くて、よそのトイレを使わせられません。お葬式なんかだと親戚に頼めるけど、旅行は無理です」

僕が「でも……」と言いかけた。同じ認知症の人を抱えている人たちとグループで行くという方法もあると言うつもりだったのだが、茂樹さんは、「他人様と一緒に行っても、旅行どころじゃなくなっちゃう」と首を振った。

「買い物は好きなんですね」と僕は桃代さんに尋ねる。

「はい、行きたいです。でもジィジは独りで行く」

「美味しい、大好きというのはわかるけど数字がわからないから困るんだ。これは美味《うま》いけど、値段を見てやめようかなというのが主婦の感覚じゃないですか。ところが、大トロのブロックがあったりすると、俺の知らないうちに買い物かごに入ってる。イチゴだってそう。食べたいと思ったら、値段は関係なしに入れる。それも気がつかないうちにね。いつもなら三、四千円なのに、その倍だったんで驚いたら大トロがあったんです。それからあんまり連れて行かなくなりました」と茂樹さんは困った顔で言った。

桃代さんは「いいじゃん、だって美味しいんだもん。あんたもトロが好きでしょ？」と平然としている。

「やっぱり外へ行きたいですよね」と僕が言う。

「はい、行きたいです」と桃代さん。

「でも買い物は行きたくないな」と茂樹さん。

「なに！　行きたいよ」、桃代さんは声を張り上げた。

呪縛から解き放たれて

「発病してから十二、三キロは増えたね」と、茂樹さんはあわてて話題を変える。

「だめ、それを言っちゃ！」

「いや、もっと増えているかも。体重、測ってないから」

「食べるなっていうの？」

「お菓子の箱を開けると、なくなるまで食べ続けるんです」

「美味しいじゃない」

「みかんも箱買いはできません。食べ始めるとみかんがなくなるまで食べちゃう。この前も孫が菓子をテーブルに置いて遊んでいたら、その間に食べちゃって、ババが食べたとは言えないから、娘に小声で言ってるんです」

「いいじゃん、別に」

「俺がゴルフに行くとき、彼女用にレトルトのカレーを用意したことが三回ほどあったのですが、最近は『レトルトは嫌だから、ジィジがカレーを作ってくれるんだったらゴルフに行ってもいいよ』です。こないだもシチューを作ったらさっさと食べちゃって、いつもなら皿を置きっぱなしなのに、皿を持って立ち上がるので『何するの』と言ったら、『美味しいじゃん』ってまた盛ってるんです」

「でも本当のことだからしょうがないじゃん」

「ご主人の作る料理は美味しいですか？」と僕が尋ねると、「そう、美味しい、ほんとに美味しいよ」と桃代さんの顔から笑みがこぼれた。

「俺が食事の支度をするじゃないですか。普通なら手伝うのに、彼女はお客さんのようにソファに座ってテレビを見ているんです。『箸と茶碗ぐらいは用意しろよ』と言わなければずっとテレビを見ていますよ。用意できたら、お客さんのように座って、黙って食べちゃうんです」

認知症になったことは桃代さんにとって辛いことだが、逆にそのことがきっかけで、過去にあった嫁姑のしがらみや亭主関白な夫への遠慮といった呪縛から解き放たれ、自由気ままに振る舞うようになれたともいえる。結果的に夫婦は、穏やかな家庭を取り戻したのではないだろうか。

「まるで今の桃代さんはお姫様のようですね」と僕が言うと、茂樹さんは大きくうなずいた。

「家内の病名は『幸せ病』と言うんです。娘も言います。どうせ病気になるんだったら、お母さんのあの病気はいいよね、って。俺もそう思います」

「たしかにそうですね」と僕はうなずいた。

「最悪な反面教師が身近にいたと娘に言われたときは、俺はそんなに悪かったのかなと思ったね。子供たちがそう言うんだから、相当ひどかったんでしょう」

僕は黙って聞いていた。

「でも、それの敵討ちだったら、これ以上の敵討ちはないね」

隣で聞いていた桃代さんは「うふふ、あはは、大笑いだね」と、初めて普段着の声で笑った。

「俺もかなり悪さをしたけど、こんなしっぺ返しを食らうとはね……」

「それはしょうがないね。自分がまいたタネだからです」と桃代さんが言い捨てると、

「もういいよ。さあ、行こう」

すっと立ち上がった。

あとがき

　認知症に関心がないとなかなか理解できませんが、ここ数年で認知症を取り巻く世界は大きく変わりつつあるように思います。たとえば、それまで認知症当事者が、自分の思いを綴って出版するというのはあまりなかったと思います。ところが東日本大震災の年あたりから変わってきました。一例をあげますと、二〇一一年に中村成信さんの『ぼくが前を向いて歩く理由《わけ》』（中央法規出版）、二〇一四年に佐藤雅彦さんの『認知症になった私が伝えたいこと』（大月書店）、二〇一五年に樋口直美さんの『私の脳で起こったこと』（ブックマン社）、二〇一七年には藤田和子さんの『認知症になってもだいじょうぶ！』（徳間書店）、大城勝史さんの『認知症の私は「記憶より記録」』（沖縄タイムス社）、そして『丹野智文　笑顔で生きる』（文藝春秋）と、毎年のように刊行が続いたことがそうです。

　これまで認知症の人というと、どちらかといえば世間の片隅に隠されてきたのに、自ら立ち上がって声をあげ始めたのです。きっかけは二〇〇三年に邦訳出版されたクリスティーンさんの『私は誰になっていくの？』（クリエイツかもがわ）だったのかもしれません。

それがじわりじわりと当事者に波及していって、「声をあげてもいいんだ」から「声をあげるべきなんだ」に変化していったのでしょう。その背景には、先進的な取り組みをしているスコットランド（英国）の認知症施策がNHKなどで紹介されたりして、認知症と向き合う人たちの考え方が変化してきたこともあると思います。

だから、二〇一六年の秋に講談社のPR誌『本』の編集長である中村勝行さんにこの企画を提案したときは、それほど取材が難しいとは考えませんでした。思いを語ってくれる当事者はたくさんいるはずだと信じていたのです。

ところが、取材を始めてすぐにわかりました。著書を出版された方以外、実名で語ってくれる当事者は、どう数えても五指に余る程度なのです。まだ変化の過渡期にあったのでしょう。慌てました。あちこちに声をかけて、紹介してほしいと頼み込みました。

なかでも頼り甲斐があったのは、本書にも紹介した竹内裕さんでした。全国を歩き回っているから、どこにどんな当事者がいるか、情報が頭の中に詰まっています。それも認知症なのに記憶力が衰えていないから、これほど力強い助っ人はいません。おかげでたくさんの当事者につないでいただきました。改めて感謝いたします。

取材を終えて感じたことは、たとえば、ひと口に「アルツハイマー型認知症」といっても、その人がかかえる障がいはさまざまだということです。認知症といえば記憶力が衰えるといわれますが、ここで紹介した竹内裕さんや中田哲行さんは、多少の衰えはあっても日常生活に全く問題はありません。丹野さんは講演した後はどっと疲れますが、竹内さんや神矢努さんは元気です。でも丹野さんは原稿を読めても、竹内さんはそれができません。一行を読み終えたあと、次がどの行につながるのかがわからないのです。山田真由美さんは日常生活に困るような記憶障害はないのに、空間認知障害がひどくて、袖を通すだけで一時間も二時間もかかります。平みきさんも記憶に問題はないけれど、数字の量がわからなかったり、路傍の石が生首に見えたり――。

何を言いたいかというと、人それぞれ性格が違うように、認知症であらわれる障がいは人によってさまざまだということです。障がいが十人十色なら、認知症をひとくくりに捉えるのではなく、当事者が何に困っているかをまず知ることが、介護する家族にとっても基本になります。

たとえば、しゃべらない当事者がいたとします。しゃべらないのは発語ができないせいかもしれません。あるいは、介護してくれる相手が嫌いでしゃべりたくないのかもしれません。それがわかれば周囲の接し方も違ってくるはずです。つまり、当事者が何に困っているかを知れば、介護する人も困っている本人も楽になるはずなのです。本書はそのことを知ってもらいたくて書きました。

さて、「ゆかいな当事者」たちのその後を紹介します。

丹野智文さんは、二〇一七年四月に京都で開催された第32回国際アルツハイマー病協会国際会議（ADI国際会議）で、日本の当事者を代表して「開会の言葉」を読み上げましたが、二〇一八年七月にシカゴで開催されたADI国際会議にも出席しました。いまや日本を代表する当事者です。

竹内裕さんはとにかく忙しい人です。取材時に「JRの割引がない」と言うので「ジパング倶楽部」を紹介しました。入会すると、一部の列車を除く全国のJRが、二百一キロ以上の利用で料金が三割引になるのですが、二十回使えるはずの手帳を半年足らずの間に、使い切ったのです。それだけではありません。二〇一七年八月には「認知症のイメージを変えよう」と、広島で「たぬき倶楽部」を〝キックオフ〟しました。

山田真由美さんは、息子の結婚式に出るのが不安だとおっしゃっていましたが、無事、結婚式に出られたようです。テレビのニュースで、挙式した息子が「難しい病気と闘っているなかで、負けずに明るく、毎日やっているっていうのは、尊敬できる母親です。ありがとうございます」と言っていたのが感動的でした。丹野さんの「おれんじドア」の名古屋版ともいえる「おれんじドア　も〜やっこなごや」も設立しました。「丹野さんからもらった〝希望のリレー〟が広がっています」と嬉しそうです。

曽根勝一道さんも加わった「まちかどライブラリー」が、二〇一八年二月にNHK厚生文化事業団の「認知症にやさしいまち大賞」に選ばれました。また二〇一六年の夏には、曽根勝さんが三重県の海岸でサーフィンにもチャレンジしました。

平みきさんは相変わらず活動的です。「日本認知症本人ワーキンググループ」のメンバーであり「ともに歩む認知症の会・茨城」の理事だけでなく、「レビー小体型認知症サポートネットワーク茨城」の顧問にも就任しました。これまで認知症を理解してもらえるようにと活動してきましたが、最近は、地域が認知症本人の声を聞いてくれるようになったことを感じているそうです。

井之坂友廣さんは、今も休まず「やんちゃ倶楽部」に通っています。そして相変わらず、おやじギャグを振りまきながら悦に入っているようです。ただ、これまで日課にしていた散歩をやめたために太りだし、家族があわてて散歩に連れ出したそうです。

大城勝史さんは、地元、沖縄県豊見城市の認知症カフェ「オレンジカフェ・美《ちゅ》らとみぐすく」で当事者として認知症の方の相談にのっています。朝は三女と一緒に家を出て、三女がバス停の場所を教えてくれるので、反対方向のバスに乗ることはなくなりました。

神矢努さんは、プロはだしの水彩画を、二〇一八年三月に新宿で「神矢努　絵画展」として展示しました。二百五十名近い方が見学に来られ、「自分に注目してくれるのがうれしかった」と語っていました。その翌週、戸山ハイツ三十五棟の仲間たちと〈誰もが共に生きていける地域社会を作る〉をテーマに、「手と手の会」を結成しました。「認知症」だけでなく「複合障害の家族」などについての講座を開催しています。

BLGの村山明夫さん、小山伸朗さん、町田克信さんの生活は相変わらず取材当時のままです。村山さんは、「考えるのは今日と明日のことだけ。昨日のことは忘れた」と言いますが、三人ともまさに今この時を楽しんでいます。BLG代表の前田隆行さんは、スタッフが辞めて忙殺されていますが、近日中に横浜市内でBLGを立ち上げる予定です。

中田哲行さんは、ボランティアで竹林整備をしたり畑仕事を楽しんでいます。また月に一回、地元の多摩市で「みらいの会　まちのもの忘れ相談室」を開いて、同じ当事者の相談相手をしています。中田さんの心配のタネは、「BLGはちおうじ」を正式に利用できるかどうかでしたが、ようやく八王子市が認める方向に決まったようです。

福田人志さんは、二〇一八年、佐世保市の隣の長崎県川棚町で、認知症の人も普通に暮らせる町づくりを目指そうと「フレンズネットワーク壱〇八《いちまるはち》」を立ち上げ、認知症の啓発活動や学校への出前授業、認知症の相談室などを始めました。正式名称は「よらんね広場プラス川棚町壱〇八」。オレンジとかDとか、認知症を想像させる言葉をあえて入れなかったのは「峠の茶屋」と同じです。

赤池桃代さんは自立訓練には積極的ですが、やはり性格的に就労継続支援B型は苦手のようです。自立訓練の二年間は過ぎましたが、近くに赤池さんに向いた受け皿はありません。そこでEPOから自立訓練の延長を富士宮市に願い出たところ、二〇一九年三月までの一年間だけ認められたそうです。しかし、それが過ぎれば就労継続支援B型に移行しなければなりません。桃代さんはちょっと憂鬱です。

「はじめに」にも書きましたが、社会や他者とつながった当事者は、たとえ障がいをかかえていても生き生きと過ごしています。「つながる」ことがいかに大切かを教えられた気がします。ここで紹介した十四人の当事者は、他者とつながりながら、新たな人生に踏み出した人たちなのだと思います。

本書は、〈読書人の雑誌〉『本』（講談社）に「愉快な認知症」として二〇一七年六月号から一年間連載したものに加筆してまとめたものです。『本』に掲載するときも単行本化するときも、自分に課したことが一つありました。それは、基本的に取材する当事者と「共に書く」ということでした。だから書き上げた原稿は、話を聞かせていただいた当事者に必ずお見せするようにしました。大半が字句を一、二ヵ所ほど訂正する程度でした。

それはさておき、ここに登場していただいた認知症当事者十四人のみなさんには、あらためて御礼を申し上げます。また、そのご家族と、そして彼らと共に歩んでいる方たちのご協力にも重ねて御礼を申し上げます。最後になりましたが、『本』に連載中、および単行本化にあたっては講談社の中村勝行さんに大変お世話になりました。また取材にご協力してくださった関係者に、心より感謝と御礼を申し上げます。

サブタイトルの〈介護を「快護」に変える人〉は、二〇一七年に京都ＡＤＩ（国際アルツハイマー病協会）国際会議で、認知症の人を介護する家族を代表して演壇に立った小田尚代さんの「介護より快護」からヒントをいただきました。

二〇一八年一〇月

奥野修司

講談社現代新書　2502

ゆかいな認知症《にんちしょう》　介護《かいご》を「快護《かいご》」に変《か》える人《ひと》

二〇一八年一一月二〇日第一刷発行　二〇一九年九月二五日第四刷発行

著者　奥野修司《おくのしゅうじ》

発行者　渡瀬昌彦
発行所　株式会社講談社
東京都文京区音羽二丁目一二―二一　郵便番号一一二―八〇〇一
電話　〇三―五三九五―三五二一　編集（現代新書）
〇三―五三九五―四四一五　販売
〇三―五三九五―三六一五　業務
装幀者　中島英樹
印刷所　株式会社新藤慶昌堂
製本所　株式会社国宝社
定価はカバーに表示してあります　Printed in Japan

N.D.C.360 284p 18cm
ISBN978-4-06-513818-2

「講談社現代新書」の刊行にあたって

教養は万人が身をもって養い創造すべきものであって、一部の専門家の占有物として、ただ一方的に人々の手もとに配布され伝達されうるものではありません。

しかし、不幸にしてわが国の現状では、教養の重要な養いとなるべき書物は、ほとんど講壇からの天下りや単なる解説に終始し、知識技術を真剣に希求する青少年・学生・一般民衆の根本的な疑問や興味は、けっして十分に答えられ、解きほぐされ、手引きされることがありません。万人の内奥から発した真正の教養への芽ばえが、こうして放置され、むなしく滅びさる運命にゆだねられているのです。

このことは、中・高校だけで教育をおわる人々の成長をはばんでいるだけでなく、大学に進んだり、インテリと目されたりする人々の精神力の健康さえもむしばみ、わが国の文化の実質をまことに脆弱なものにしています。単なる博識以上の根強い思索力・判断力、および確かな技術にささえられた教養を必要とする日本の将来にとって、これは真剣に憂慮されなければならない事態であるといわなければなりません。

わたしたちの「講談社現代新書」は、この事態の克服を意図して計画されたものです。これによってわたしたちは、講壇からの天下りでもなく、単なる解説書でもない、もっぱら万人の魂に生ずる初発的かつ根本的な問題をとらえ、掘り起こし、手引きし、しかも最新の知識への展望を万人に確立させる書物を、新しく世の中に送り出したいと念願しています。

わたしたちは、創業以来民衆を対象とする啓蒙の仕事に専心してきた講談社にとって、これこそもっともふさわしい課題であり、伝統ある出版社としての義務でもあると考えているのです。

一九六四年四月　野間省一

心理・精神医学

331 異常の構造――木村敏
590 家族関係を考える――河合隼雄
725 リーダーシップの心理学――国分康孝
824 森田療法――岩井寛
1011 自己変革の心理学――伊藤順康
1020 アイデンティティの心理学 鑪幹八郎
1044 〈自己発見〉の心理学 国分康孝
1241 心のメッセージを聴く 池見陽
1289 軽症うつ病――笠原嘉
1348 自殺の心理学――高橋祥友
1372 〈むなしさ〉の心理学 諸富祥彦
1376 子どものトラウマ――西澤哲
1465 トランスパーソナル心理学入門――諸富祥彦
1787 人生に意味はあるか 諸富祥彦
1827 他人を見下す若者たち 速水敏彦
1922 発達障害の子どもたち――杉山登志郎
1962 親子という病――香山リカ
1984 いじめの構造――内藤朝雄
2008 関係する女 所有する男――斎藤環
2030 がんを生きる――佐々木常雄
2044 母親はなぜ生きづらいか――香山リカ
2062 人間関係のレッスン 向後善之
2076 子ども虐待――西澤哲
2085 言葉と脳と心――山鳥重
2105 はじめての認知療法――大野裕
2116 発達障害のいま――杉山登志郎
2119 動きが心をつくる――春木豊
2143 アサーション入門――平木典子
2180 パーソナリティ障害とは何か――牛島定信
2231 精神医療ダークサイド 佐藤光展
2344 ヒトの本性――川合伸幸
2347 信頼学の教室――中谷内一也
2349 「脳疲労」社会――徳永雄一郎
2385 はじめての森田療法 北西憲二
2415 新版 うつ病をなおす 野村総一郎
2444 怒りを鎮める うまく謝る 川合伸幸

L

自然科学・医学